U0137070

論語更是千古的奇書，
那不僅僅是表達了人類智慧上可能到達的極高峰，
而且是表達了人類性情中本來具備的大原則，
那是至高的語言，而被至平至實的敘述著。

論語講義

程兆熊 著

鵝湖書院叢書總序

我初到鵝湖時，曾有詩抒寫一己之觀感，名「初到鵝湖」。其一爲：

「省識風塵萬里吟，回頭自是白雲深；當年一次鵝湖會，此月還留天地心；
應任予懷山與水，不須他想古猶今；眼前光景如何似？喜見桃花李樹林。」

其二爲：

「等閒覓得新天地，便自逍遙天地中；此水已非前水在，他山更映後山紅。
拈來花草留窗下，整得孩兒過水東；祇是鵝湖欣作主，嬉嬉終不似孩童。」

在鵝湖，東晉時有一姓龔的隱士養了許多鵝。在唐時，有馬祖的大弟子名大義禪師，成了一個大叢林，名峰頂寺。在南宋時，有朱子，陸象山，陸子壽，呂祖謙四先生聚會講學，後來成了一個鵝湖書院，那是天下四大書院之一。到清末民初時，地方人士更從而創辦了鵝湖師範學校和信江中學堂，家父小時，就在那裡讀書。我初到鵝湖之二詩，是成於民國三十四年六月五日。那時抗日戰爭纔結束，我就由地方人士請去辦信江農專，信江農學院，並附設青年軍屯墾訓練班，還計劃辦信江大學。只不過一到三十八年四月四日，我就離了鵝湖，不久又來了臺灣，在臺灣臺北，我偶然和同學沈珠嫣，陳冠州，張清標，劉儷，蔡龍銘等，到了一個翠谷，獲一勝境，頗似鵝湖，因即塡一詞，調名江城子。詞爲：

「由來地久與天長，路漫漫，雲飛揚。翠谷深深，難得是清閒。到此應知無限好，纔放下，即清涼。」

「眼前溪水正潺潺，兩山間，一山莊。境似鵝湖，只不見冰霜！試問一心何所繫？炎夏日，水雲鄉。」

我在以前的鵝湖書院裡，辦了學校，栽種了不少的桃李梨橘，又寫了一些文章，也印了一些書，這都符合著一個書院。但自三十八年四月四日離了鵝湖以後，近四十年來，更在臺灣山地首先栽種著桃梨以至於蘋果，又在臺中農學院寫了不少文章，也在香港新亞書院及臺大，文大等校，印了不少的書，但總是不見了一個書院。因思鵝湖書院雖已遠離，但對一己所居之處與所藏之境，即復名之爲書院；而以所印之書，亦名之爲書院叢書。以免此一書院消失於今日世界，而求安頓此懷，安頓此心，並安頓此一生命和此一世界，又有何不可？爲此之故，我遂將近寫之文，有關生命，有關園林，有關世界，與夫有關農工業文化者，雖不少已發表於各報章雜誌，但爲免散失，終集成一書，並命名爲「生命與世界」，且即以之爲鵝湖叢書之一。另將以前在香港新亞書院所講之經子講義，如四書、五經、人物誌及文心雕龍等，分別編爲《四書大義》，《五經大義》，《人學與人物》及《文學與文心》等書，繼續予以出版，同作鵝湖書院叢書。自念一離鵝湖，即海外飄浮，幸吾妻携出子女六人，終獲成長。杜甫有詩云：「途窮賴友生。」今此鵝湖書院叢書之印行，亦是全賴友生。而明文書局於印行拙著《論中國庭園花木》，《道家思想》以及《儒家思想》等書之後，又鼎力相助，實更可感。故特於此向李董事長潤海，徐主編春梅，劉編輯盈伶等先生小姐誌謝！

民國七十五年十月程兆熊於陽明山

四書大義前言

（一）

本書原擬合下列八書而成一書，此即：

1.《論語講義》；
2.《孟子講義》；
3.《大學講義》；
4.《中庸講義》；
5.《論語復講》；
6.《孟子新講》；
7.《荀子講義》；

8.《儒家思想與國際社會》。

似此八書，大都爲在大學之講義，再加以復講，新講以及擴至國際社會之所謂國際講。猶憶在多年以前，當我將一己所寫「儒家思想與國際社會」之講稿，送請熊十力老先生過目時；他竟於細細觀看之後，特函我道：文章博雜，但在目前，如此說來，亦甚好。迨來臺灣後，除教書於臺中農學院外，復在臺中大度山東海大學外文系講《論語》，並寫成《論語講義》。隨後赴香港中文大學新亞書院講經子課程，先後又寫成《孟子講義》，以及《大學》、《中庸》與《荀子》等講義。寫成之後，又憶及熊老先生之言，並猛憶禪門中之雲門語，此即是：

「問：如何是一代時教？

答：對一說！

問：不是目前機，亦非目前事，如何？

答：倒一說。」

（二）

爲此之故，「對一說」了之後，我終不能不「倒一說」。於是復講、新講，以至通講、別講，又相繼而至。在此之際，我的老母，已十七年來未能見一面。不久更長眠於故土，因更千百世不可解於心。今則於寫成《思親集》之餘，又於想念鵝湖之外，遂只能因友人之助，印成一些鵝湖書院叢書。以上所列八書所合成之四書大義，本定爲鵝湖書院叢書之五。但校對之際，終覺其間對一說與倒一說，總須酌予一分，而分成兩部，此即：

1. 將「論孟學庸」四本講義作一書，此即爲鵝湖書院叢書之六，名《四書大義》。
2. 再將《儒家思想與國際社會》，《論語復講》，《孟子新講》及《荀子講義》四本書，另成一書，此即爲鵝湖書院叢書之五，名《儒家教化與國際社會》。

（三）

第二次世界大戰之後，李格氏（**James Legge**）所譯之英文《四書》，已更爲西方人士所重視。即以香港一地而言，此英譯《四書》已無處無之。稍識英文者，幾皆知此書。至於在香港居住之英美人士，則更爲人手一冊。近年來，英美德法人士，對一切生產事業之促進，想盡辦法，終無善法；反之，日本、韓國、中華民國，以至香港、新加坡等，曾深受儒家以前所謂「正德、利用、厚生」教化之澤者，其生產情形，竟大不相同。以日本而論，目前財富，已超過美國。此誠爲西方始料之所不及。

國際大勢之所趨，總會是：「窮則變，變則通，通則久。」人類歷史大勢之所趨，總會是：「齊一變至於魯，魯一變至於道。」於此，《論語》載：「子張問十世可知也？子曰：殷因於夏禮，所損益可知也。周因於殷禮，所損益可知也，其或繼周者，雖百世可知也。」要知百世之下，正是今日。當今之世，又果如何？總之，一切會是很快的！凡是不能對一說的，就倒一說罷。到頭來，凡是不必倒一說的，就再去對一說好了。

（四）

以前朱子盡畢生之力，集註《四書》，終成《四書集註》。其所定之《四書》次序是：《大學》、《中庸》、《論語》、《孟子》。一直到現在，連西人李格之翻譯《四書》，仍照此安排。但當王陽明之弟子問學庸二書如何時，陽明即言：「子思括《大學》一書之義為《中庸》首章」。此使陽明、朱子終不易合。至於朱陸，則陸象山乃直承孟子，而朱子《四書集註》中，實以孟子注解最差。此因彼此精神，其所著重之處，固不必力求其同。惟後學之人，總難免有多少遺憾。為此之故，我之此書，在《大學講義》中，對朱子陽明之所說，兩皆採用。此自大有人不以為然，惟亦只得聽之。至於朱子對孟子之註，我在《孟子新講》中，即不惜長言，加以論辨，亦不復顧及其他。至於四書次序，則亦將「學庸論孟」之排列，整個翻轉，而改為「論孟學庸」。此有二義：一為就一己寫作之時間與研究之步驟而定。我的寫作時間之先後日期，皆於每書前言中，一一註明。二為就「論孟學庸」四書本身而定。朱子以大學為首，乃本伊川所言，即大學為初學入德之門。實則，大學一書，即使為儒家思想教化之一大綱領，但亦不必置之於論語之前。而孟子亦不應置之於中庸之後，此實不必多所議論。

（五）

說到我一己新講、後講，以及國際講等等之所作，今分別編為兩書，則自多方便之處。茲不復多說，特書此再作前言。

大中華民國七十六年八月七日程兆熊於華岡路

前言

我在東海大學擔任講授《論語》課程，凡一學期。其時聽講學生凡兩類：一爲外國文學系學生，一爲基督教教會進修生。此進修生大都是牧師或準備做牧師的，進修生對《論語》是自由選讀，其年齡已很大了。

我在第一次走上講台時，友人徐復觀先生曾先把我對學生介紹一番，說我雖是臺中農學院園藝系的主任，雖是學科學的人，但對中國文化極爲熱愛。當他介紹完畢並隨即他往以後，有二位選讀《論語》的進修生，大概是因爲聽到我是一位科學工作者的原故，就立即要求退選，我當然也就立即准許了。

我深感到我講《論語》的對象爲外文系學生及基督徒，那是講來十分困難的，但亦十分有意義。東海大學是基督教大學，在那裏最優秀的學生，都歡喜讀外文系，而那批教會進修生，也大都是素有教養的，因此對他們講《論語》，就不能僅僅是普通的講解，而須要特別啓發，講其大義，而所謂《論語講義》，自亦非通常之所謂講義。

《論語講義》之發給學生，主要作用，是補充教室裏所講的東西。在教室所講者多是隨機引發。如講「興於詩」，即因學生是學外國文學的，所以就說到Poem和Poetry之兩義；如講「據於德」，又順便說到Virtue與A Virtue之涵義。凡此皆講義之所無，因爲那都只是講講而已，但對外文系學生及基督徒之接引，又實在是必要的。

講義由同學自己繕寫油印，原規定每人一份。但有些同學及進修生都要求一份以上，說是他們的朋友，因爲沒有選讀，所以更需要講義看看。我不知道是不是退選的進修生也在其內，我爲此欣然應允。在目前這樣一個時代，大家都能夠聽得進《論語》，而且歡喜《論語》，這不能不說是很有其時代意義和時代的感召的。

我把油印講義，也寄了一份給友人唐君毅先生。我凡有所述，往往要就正於他。他回信說：啓發之意多於解說。又說所用《聖經》字樣，應改爲基督教《聖經》，或新約，不必如流俗之所稱。這些指正，都是十分正確的。我隨即又去函說明了我講授的對象，並允在序言中予以更正。

講義一共有二十二講，在油印本二十二講目錄之後，曾有如下的附白：

「本講義係根據東海大學文學院中國文學系主任徐復觀先生所訂之《論語》講授臨時目錄而寫，節省不少時間，深以爲感。又本課程原爲台灣大學文學院中國文學系主任兼東海大學教授戴君仁先生所擔任，戴先生一時身體欠適，由徐主任復觀約我代授，遂獲機緣，第一次講授此一課程。聖心說罷，中心悚然。又徐先生與牟教授宗三先生等曾同授此一課程，若其間有出入，當以徐、牟先生等爲準。四十六年十二月四日於臺中」

我寫此講義，是一面講，一面寫，又一面在台灣海拔二千公尺以上之高山上從事栽種蘋果等工作。入山誠苦，以致右臂害病，然猶忍痛寫此，終至其疾益頑，今猶未痊。在山與臉畫藍紋之高山族同住，亦似在講《論語》。當唐先生把我寄給他的油印本《論語講義》，交給人生雜誌社王道社長，並說發表於世有益之後，王社長更來信主張於選登之後，印單行本。又說上面的附言太謙，可以刪去。實則非謙不可刪去。

直至此際，就我記憶所及，對我所講，能用心聽者計有：張古英，趙綿迪，陳文潔，陳維珠，金元謹，邱凱雲，韓沛陵，夏曙芳，蕭亦玉，黃梅芝，關辰雄，孔渝芳，郭大夏，藍智民，李健次，梁華，廖元亨，林吉榮，林溫玉，林瑜，劉樂群，劉毓芬，盧千壽，莫迺青，裴潤言，史濟康，石千鶴，孫雅英，田弘茂，丁邦實，曾博禮，杜維明，王耐雪，姚雅芳，唐保羅，王仁釗，黃守徵，吳志鵬君等。因其靜聽，我亦詳說。凡此亦應附記於此，以誌勿忘。而貫之先生慨然允印單行本，不顧其處境之艱困，自尤難忘，須誌謝意。

猛憶兒時，常與友好一言不合，即須拚個你死我活，家父誡以「愛之欲其生，惡之欲其死，既欲其生，又欲其死，不亦惑乎」？因大有所省。三十年來，此言時時在耳，爲此一心向學，遂未跟時代走。嗟呼，這還不是一代「時教」嗎？

大中華民國四十七年六月五日　於臺中市民意街忠義橫巷內自記

寫在華夏出版公司重版程師《論語講義》之前

憶昔年輕時初讀程師《論語講義》，即爲其論語首章之講述所打動，在滿天春意秋色遍布中，深深烙印下「胸中自有丘壑」而不待外求、不必外在肯定而後安的印象。不知經過多少年後，筆者在二〇一六年發表於《鵝湖月刊》的〈《論語》首章詮釋——兼附及此學旁落與復興的幾點思考〉，竟然還烙印著其影子。然而，弔詭的是，筆者長期關注當代新儒家唐、牟之學，竟把程師之學多所忽略了，直到近幾年可謂有一大事因緣，才回頭關注程學，驟然發現其宗廟之美、百官之富。那麼多層面的龐大專書姑且不論，光展讀其《論語講義》，就覺處處珠璣、俯拾皆是，尤其一片天機，應和著孔子天人合一的態度，天德、性情、人文一以貫之，充滿啓發，妙在體系言語之外，這才是孔子天德流行境界的活活潑潑之如實呈現；而筆者教了三十餘年《論》、《孟》，竟爾如是忽略之，不勝惶愧唏噓。

說《論語》之「學」是實踐智慧之學，是道德生命的學問，而非一般所理解的希臘傳統之知識或知解之學，這是當代新儒家的通義，程師身為其中一位代表人物，於此亦無以異。然而，程師則融入其農學本色，借《周易．彖傳．屯》「雷雨之動滿盈」，而帶出「春回大地」以至「春滿乾坤」之萬物的自然生命力，由此以言人間大地之生意、溫暖、關切、性情，悅樂於此顯實；更由此以言反映著「春的明媚」（「滿是生意」）之「秋的莊嚴」（「滿是子實」），以此為「洗心退藏於密」之「獨知之體」，為「一大收斂，一大含藏，一大清明，一大眞實」，自然會更不在乎知與不知。程師如是之說，如前所述曾給筆者烙印下「胸中自有丘壑」之無待境界的深刻印象；然而，如今重讀此講與續讀本書他講，才更明白程師這是自然而然回到人與大地之存在原點，以重新出發觀看理學朱注、心學、船山學等之解說，而回落到經之所以為經本身，直契孔子之天地精神氣象。就如程師所言：「宋相趙普有『半部論語治天下』之言，如實言之，此猶是小用。論語實在是一部眞性情和眞智慧的書。由此你可見性情之全，智慧之體，由此，你自可見義理之全和此心之體。天理在那裏流行，天機在那裏呈露，因之，天命在那裏有了安排，生命更在那裏有了安頓。那一方面會使天清地寧，那另一方面又會使心安理得，由此而現顯的氣象，會就是天地的氣象。」

本書是在程師於台灣高山從事栽種蘋果等實驗工作之餘，忍著右臂之痛所寫，他說了一句猶如回返生命原點的話語：「在山與臉畫藍紋之高山族同住，亦似在講《論語》。」如此極高明的講述《論語》之書，怪不得唐君毅先生回覆程師說：「啓發之意多於解說。」並說「發表於世有益」；而程師亦曾自感重在啓發。這並不是說其間沒甚麼精彩的義理分解，而是即使分解，亦仍貫連歸縱於一仁心性情、天機流行，這就直接揭露：最契合《論語》本質的，不就是一種無以定義的啓發式語言嗎？最能貼合道德倫理的眞心覺悟、精神提昇而引發不容自已地關懷實踐的，不就是這種看似無法限定、無以語言定住，甚至難以一時切當的行爲模式所範限，之言以啓意、默然行之者嗎？不就是如此弘毅不已、泰然自若的中和境界、庸常之道嗎？

再者，觀本書之講說目次（程師言係根據徐復觀先生所訂之論語講授臨時目錄而寫，然可能經程師略予加工微調，如第三講〈孔子的一個人的完成〉顯然與程師《一個人的完成》一書息息相關），則除首講總論《論語》的價值地位與歷史淵源等，次講揭露《論語》的學問本質方向，之後可謂即從孔子的人格典範之玩味出發，連續數講幾乎皆圍繞在孔子其人的心靈生命史與聖人境界上，這不就是一透徹的返本歸源、還原經之所以爲經嗎？接著講實踐的方法與智慧以及對做人處世的關鍵提點，而後始暢論孔門學說的核心概念「仁」以及禮樂文化與詩教，由此內聖外王而廣論政治的原理、施爲、態度、藝術，再延及面對鬼神之道，然後講孔子與弟子之間的功夫切磋與相處砥礪，最後以孔門氣象作結。由此講述架構及其內涵看，亦可見此書由孔子人格氣象出，而亦還歸此孔子與弟子之孔門氣象，是則超乎文字之上，洞澈經文創造表達之眞源也。另外，本書還有一傳統所無的特色，即程師多借用基督教《新約》之言以相印證，或有時援引希臘哲學觀念或神話以資對顯，如阿波羅（太陽神）精神與狄恩修士（酒神）精神。這原本是程師針對講課學生對象為外文系學生與基督教教會進修生（牧師或準備做牧師的），而權宜採取的對比詮釋方法，然由今日看來，卻正好多了一大特色，除可給一般傳統讀者閱讀而擴大視野外，亦極適合給現代人或外方人士閱讀。

華夏出版公司即將重新出版程師此書，邀序於筆者。能為程師如此重要之作書寫重版前言，實感莫大榮幸，遂不揣固陋為之如上，愧無以盡程師之意於萬一也。

嘉義大學中文系 蘇子敬 二〇二三年七月於阿里山下

CONTENTS

CONTENTS

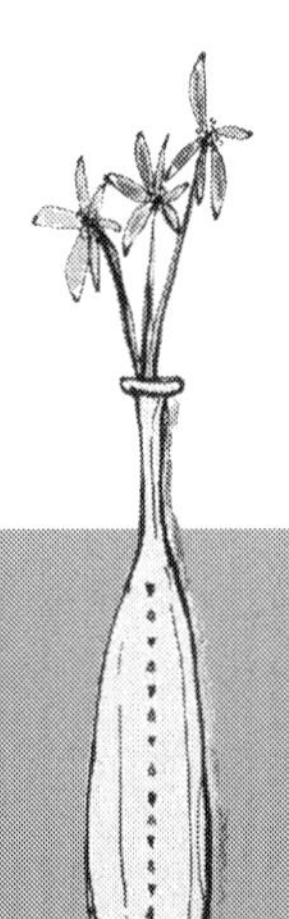

CONTENTS

論語講義

第一講 《論語》一書如何

我在我所寫的《中國文化大義》一書中曾說：

「《論語》更是千古的奇書，那不僅僅是表達了人類智慧上可能到達的極高峰，而且是表達了人類性情中本來具備的大原則，那是至高的語言，而被至平至實的敘述著。《聖經》是耶穌嚴肅地代表上帝說話，而《論語》則只是自由的交談，而且終歸於『天何言哉』之無聲的詞句。」

在西方，《聖經》無疑的是一部最好的書，那是西方的聖人的書，那是經典。我們從前有句話說：「東海有聖人，西海有聖人。」那西海聖人的經典，現世界稱之爲《聖經》，而我們東海聖人的言談，則被稱爲《論語》。說《聖經》是現世界最偉大的書，那會沒有問題。說《論語》是全人類最偉大的書，那也不應會有問題。時至今日我們要是能以讀《聖經》的心情讀《論語》，那會見出我們的《論語》之另一種風姿，同樣，我們要是能夠以讀《論語》的態度去看《聖經》，也會看見西人所稱《聖經》之另一種面目。

《論語》原有「魯論」、「齊論」和「古論」三種。魯論凡二十篇，齊論較魯論多〈問王〉與〈知道〉兩篇，〈問王〉即是〈問玉〉。古論凡二十一篇，此乃〈堯曰〉篇中再被分出〈從政〉一篇所致，爲漢景帝時魯恭王從孔子舊宅壁中所取得，孔安國及馬融曾爲訓說。近日敦煌石室發現之《論語》注殘本，上面寫著孔氏本《論語注》，乃漢鄭玄就魯論所注，題孔氏本是誤以爲孔安國之古文《論語》。實則古論與齊論皆已失傳，目前所存之《論語》，只是魯論，那是在以前魯國所流傳之《論語》。據《漢書藝文志》云：

「《論語》者，孔子應答弟子時人及弟子相與問答而接聞於夫子之語也。當時弟子各有所記，夫子既卒，門人相與輯而論纂，故謂之《論語》。」

《聖經》——特別是新約中，所述的辭句大都具備一種極豐富的象徵的意義，從表面上看，那像只是一些比喻，一些故事，但善讀《聖經》之人，當他們讀到「壓傷了的蘆葦，他不折斷；將殘的燈火，他不吹滅」時，或是當他們讀到「狐狸有洞，天空的飛鳥有窩，人子卻沒有枕頭的地方」時，他們總是會深深思惟和苦苦設想的。這其間的意義無窮，因之，這給人引起的感觸也就無限。而《論語》於此，則像句句都是平平常常，老老實實，且又簡簡單單，停停當當，不會多一個字，也不會少一個字，並讓每一個字都有其無比的分量，因此，每一個字都有其在意義上的不盡的含藏，和在價值上的永無休止的聯想。故善讀《聖經》——即新舊約——的人們總是悵觸多端，遙思天國，而善讀《論語》者則總是俯念人間，情不容已，同時又覺其意味深長。程伊川說：

「頤自十七八讀《論語》，當時已曉文義，讀之愈久，但覺意味深長。」

他又說：

「讀《論語》有讀了全然無事者，有讀了後，其中得一兩句喜者，有讀了後知好之者，有讀了後，直有不知手之舞之足之蹈之者。」

讀《論語》至手舞足蹈，此必是有省於聖人之態度，有覺於聖人之智慧，有契於聖人的境界，有惕於聖人的功夫，有悟於聖人之使命，和有得於聖人的教義與夫治術等等。大凡研讀著性情的書和智慧的書，總會讓人讀之愈久，愈有所省，愈有所覺，愈有所契，愈有所惕，愈有所悟和愈有所得的。而一有所得，即成至樂，同時，一成至樂，即成大用。宋相趙普有「半部《論語》治天下」之言，如實言之，此猶是小用。《論語》實在是一部眞性情和眞智慧的書，由此你可見性情之全，智慧之體，由此，你自可見義理之全和此心之體。天理在那裏流行，天機在那裏呈露，因之，天命在那裏有了安排，生命更在那裏有了安頓。那一方面會使天清地寧，那另一方面又會使心安理得，由此而現顯的氣象，會就是天地的氣象。天高不可測，但抬頭即見，正在你的頭上。地廣不可窮，但俯首即得，正在你的足底。就此而論《論語》一書，那是性情的書，是智慧的書，是義理的書，那也正是天地的書。那不是知識之學，你不能把《論語》當作文學、當作哲學或當作任何學說。那是心性之學，你由之可在全人類的文化史上第一次見出眞的性情、眞的智慧、眞的義理，所以意味深長。《聖經》是宗教的書，而《論語》則是性情之教，所以不同於其他的書本。

我們要瞭解歷史，須得往下推。我們要瞭解時代，須得朝上翻。此即所謂要論古即須論今，而要知今則必須知古。我們在今日，讀古書，正所以相應著目前的時代，和眼前的世界。目前可以說是一個新的戰國時代，眼前又可以說是一個新的春秋時代。我們所住的時代和所住的世界，應該不斷的朝上翻，由此我們可以嚮往著宋明，又可以嚮往著漢唐，更可以嚮往著三代。孔子在春秋之末，稱許二帝三王，且特別宗周，並許管仲以仁，這便涵蘊著我們所住之時代和世界的意義。若以此而論《論語》、讀《論語》，則《論語》便又是一種時代的書，和一種世界的書，這大有新義。

第二講 《論語》的開端

《論語》開頭的幾句話是：

子曰：「學而時習之，不亦說乎？有朋自遠方來，不亦樂乎？人不知而不慍，不亦君子乎？」這幾句話，我在我所寫的〈孔子的態度〉一文中，曾說道：

「第一、我人於眞正領悟了『學而時習之，不亦說乎』之後，就會頓然看出一種學問的究極的傳統，就會頓然看出一種眞正的人文的世界之化成。在那裏，你會第一次見出所謂『智慧』。在那裏，你會第一次見到任何事物之生動的不息，而感到驚奇，和一種驚奇之喜。」

「第二、我人於眞正領悟了『有朋自遠方來，不亦樂乎』之後，就會頓然看出一種無上的人道的眞諦，就會頓然看出一種眞正的人格的世界之交往。在那裏你會第一次見出所謂『性情』。在那裏，你會第一次見到任何事物之價值的無限，而感到關切，和一種關切之樂。」

「第三、我人於眞正領悟了『人不知而不慍，不亦君子乎』之後，就會頓然看出一種至高的精神的實質，就會頓然看出一種悠久的存在的世界之到臨。在那裏，你會第一次見出所謂『獨體』。在那裏，你會第一次見到任何事物之意義的永恒，而感到會心，和一種會心的微笑。」

對《論語》的每一句話，如果要去眞正的領悟起來，那實在是不能僅僅從字面上獲得的。若是僅僅從字面上去瞭解《論語》，就常常會使人感覺到「《論語》不過如此」。實則，《論語》一書絕不會是像一些人所說的「不過如此」。以前印度詩哲泰戈爾氏來我國，亦曾對人表示他覺得《論語》一書，只是一些教條。這亦是對《論語》僅從字面上去看，而覺其「不過如此」的說法。程伊川在宋時曾嘆息著，說是：

「今人不會讀書，如讀《論語》，未讀時是此等人，讀了後又只是此等人。便是不曾讀。」

像一些讀《論語》竟覺其「不過如此」的人，那便是不會讀。我國今日學者讀《論語》，竟大都會是「不會讀」，這自然更無怪乎印度人讀《論語》或其它的外方人讀《論語》，讀之只覺其是教條，讀如未讀了。

照我國以前的人的意思，眞會讀《論語》的人，讀了之後，就簡直會像是脫胎換骨，氣象和氣味都會頓然不同。這是因爲《論語》上的每一句話，出之聖人之口，便另是一番氣象，另是一種意味。這須得一個人去細細玩味，深深領悟，還更須得一個人去優游涵泳，切己體認和反覆尋繹。

《論語》的每一句話，你都可以從很多角度去看，其境界實是無窮的。你更可以針對著「所見世」去衡量，其分量尤其是無比的。

「學而時習之」的「學」，實有異於目前的學問。在現世裏，我們已分明接觸了另一種學問的傳統，那就是希臘的傳統。其所謂「學」即所謂「Ology」，那只是一種知識之學或知解之學，那不是一種智慧之學或實踐之學。目前世界的科學工藝文明，是希臘學統的產物，這儘有其極度輝煌的成就，但亦儘有其十分慘痛的後果。前此大藝術家並導演家卓別靈有自編自導自爲主角的一個電影片子，那是無聲的，可是極爲動人。在那一影片裏，有一個大工廠裏的一位小工，一進去就學習著扭螺絲釘，學好之後，不斷練習著，久而久之，他便把一切都螺絲釘化了。他見到人家衣服上的鈕扣，以爲是螺絲釘，他碰到人家的鼻子，也以爲是螺絲釘，終於他是瘋狂了。在這裏，他分明也是「學而時習之」，可是那已絕不是「不亦悅乎」了。而目前的世界，卻正是那樣的「學而時習之」的世界，這眞是現代人類生活的「不亦苦乎」的慘相。

在工廠裏如此，在學校裏又怎樣呢？學生對先生所交下的練習，要按時做，怕大都是爲了分數、爲了考試和爲了畢業與職業的緣故，而且一個練習做好了，也絕不會時時去作著同樣的練習，否則，那一樣會是苦不堪言的。

本此，以所見世去衡量著「學而時習之，不亦說乎」的一句話，卻正好獲得了一個相反的結論。只不過，像目前這樣慘痛而近於瘋狂的世界，世人們終究是須得設法去扭轉過來的。果眞如此，則聖人「學而時習之，不亦說乎」的一句話，便不能不是一種究極的學問和一種絕大的智慧了。要知世界上只有智慧之學或實踐之學，才會是「學而時習之，不亦說乎」。像這樣的學，一方面是一己心靈上的醒覺，所以《白虎通》訓學爲覺。一方面又是一己行爲上的效法。所以朱注爲「學者效也」。一個人在不斷的覺和不斷的效的進程中，其內心的喜悅，自然是油然而生，並生之不已的。由此而春回大地，由此而人文化成，這便一下子成了所謂「雷雨之動滿盈」的另一個生動的世界，而絕不會再是卓別靈所諷刺的螺絲釘化的世界了。

「有朋自遠方來」的「朋」，照朱子所註是：

「朋者，同類也。」

朱子於此更接著說：

「自遠方來，則近者可知。」

這只要是同類，都感到可樂，自遠方來固樂，而日所親近者，自然更樂。其一種與人相見，無對無隔之情，及其一種與人相處，熙熙和易之態，實皆可由此一語中看出。這表現了人與人間的極度溫暖，這也表現了天地間滿是生意、滿是春情。由「學而時習之，不亦說乎」而春回大地，今更由「有朋自遠方來，不亦樂乎」而春滿乾坤。到此，「樂意相關禽對語，生香不斷樹交花」，便都形成了一個「朋友之道」。於是一個朋友自遠方來，就正如一個春天自遠方至。當一個人知道了春天之樂，他自然會知道朋友之樂；而當一個人眞知道了朋友之樂，他就更會進一步知道春天之情。

時至今日，有誰能眞知道一個春天呢？萬物莫不由春而生，人又怎能不由春而生呢？凡由春而生的就只能由春而樂。說到清平世界，那亦只是由於春到人間。而當春不在人間時，地上便只好動著刀兵了。

《馬太福音》載著耶穌的話，說道：

「你們不要想我來是叫地上太平。我來，並不是叫地上太平，乃是叫地上動刀兵。因爲我來，是叫人與父親生疏，女兒與母親生疏，媳婦與婆婆生疏。人的仇敵，就是自己家裏的人。」

所有這些話，絕不好誤解，這都是對失去了春或是不知道春的人們去說的。凡是失去了春或不知道春的人們，都須得回轉到「冬」那裏去，而且還要一直等到冬去了，春才重來。在此耶穌便負起了一個冬的使命，叫地上動刀兵，教人生疏，並教人要眞正認識他的仇敵，以從事戰鬥而獲新生。這爲的還是一個春天。這是要世人們一齊透過上帝之後，再相親近，以讓「春光先到野人家」。這若用我們的話來說，也正是「不經一番寒澈骨，爭得梅花撲鼻香」？這是一個大轉折，一個大「曲」。《聖經》上的上述一番話，實是「致曲」，「但曲能有誠」（《中庸》語）。這和「有朋自遠方來，不亦樂乎」的話，作一比觀，就可以知道：朋來而樂，直下是春。近日有「梵谷傳」一電影頗動人。梵谷係一天才畫家，其去北非洲，與黑人相處，終慘叫著「孤寂，孤寂，絕對的孤寂」一語以至夭折，這就是一個外方人因不知道「春」，並且也不知道「冬」，而完完全全失去了春，以致失去了生命的一個好例子。耶穌在上十字架之前，作著緊要的訓誨道：

「若是你們中間有兩個人，在地上同心合意的求甚麼事，我在天上的父，必爲他們成全。」

朋友而樂，自然會是由於兩個人的同心合意。而在天上的父的成全，和「拍拍滿懷都是春」的大地之春的成全，實無二致。到此，你就可以了然於春就是生意，生意就是關切，關切就是性情，而朋來就是眞正的人格的世界的交往，朋來而樂則直是無上的人道的眞諦。

「人不知而不慍」的慍，據朱註是「含怒意」，此似太重。以語聖人，則當《聖經》所載耶穌正上船退到野地時，與夫《論語》所記，孔子想乘桴浮於海上時，兩人的心情，實不過像一個春轉了一個秋。

唐人詩云：

「停車坐愛楓林晚，霜葉紅於二月花。」

於此，有時一個秋的莊嚴，會更反映著春的明媚。洗心退藏於密，會更接觸著「一個眞實」。而當一個人更接觸一個眞實時，則眞實不虛處，知與不知，自然會更不在乎。人不知春，遂不知秋。要知春天裏滿是生意，而秋天裏則滿是子實。時習而說，朋來而樂，有此悅樂，便自不知不慍，而懷其實。到此，正所謂「君子樂得爲君子，小人樂得爲小人」（魏信語），毫不虛假。此在基督，則「知道子的只有父」，其他的人是不會知道的。既不會知道，那就也不會去慍了。此在道家，則老子說：

「知我者稀，則我貴矣。」

那是反過來，倒以不知爲妙，少知爲貴，但在此如細細體會，就似未能平平。晉顏含拒絕管輅爲其卜卦，說是：

「修己而天不與者命也，守道而人不知者性也，自有性命，無勞筮龜。」

這把知與不知和與不與，都歸之性命，說來就更平平，王船山特稱其為知道之士，這也可說是知秋之士。顏含於此，實不能不說是確已接觸了一個眞實，這一眞實，你可以說他是一個「獨體」，你也可以說他是一個至高的精神的實質，那是獨知之體，那是自知之實，這與知之多少無關，這與人知與否無關。在那裏，世界是悠久的。在那裏，意義是永恆的。在那裏，一切有了收斂，所以一切就更顯得莊嚴。在那裏，人愛其華，我愛其實，所以霜中之葉，便反而會紅於二月之花。到此，一個人有了春意，便自然又有了秋情，惟有這樣，才能底於完成，而成為君子。君子於此有了會心，君子便於此成德。其能「人不知而不慍」，那是很自然的。只不過這是很不容易的。程子曰：

「雖樂於及人，不見是而無悶，乃所謂君子！」

朱子於此按道：

「愚謂及人而樂者順而易，不知而不慍者逆而難，故惟成德者能之，然德之所以成，亦曰學之正，習之熟，說之深而不已焉耳。」

這正如說知秋尤難，一個人必須知道春，又必須知道秋，而要眞正知道秋，則更必須知道春。人惟有在智慧中才能獲學之正，人惟有在性情中才能獲習之熟，人惟在獨知之處，才能獲說之深，而所謂春，則正是一個智慧和性情的別名，秋則是一大收斂，一大含藏，一大清明，一大眞實。人必眞實爲體，清明在躬，收斂而悅，含藏而樂，乃所謂君子。孔雀愛其羽毛，炫其羽毛，並求知其羽毛，此亦自然，惟君子則絕不能安於此境。

第三講　孔子的一個人的完成

《論語．爲政篇》載：

子曰：「吾十有五而志於學，三十而立，四十而不惑，五十而知天命，六十而耳順，七十而從心所欲不踰矩。」

這幾句話對聖人人格之直接顯現，有所說明，同時我們也正可以由此而獲知孔子的境界，是如何在那裏步步進展，層層上昇，而成了程伊川所說的「觀乎聖人，則見天地」，以使我們後學之人，眞正的獲睹天光，得見大地。

「十有五而志於學」之學，朱註說是大學之道，只是這志於大學之道，究如何構成著一個聖人之第一個境界，就大費思量了。古者十五而入大學；在此之際，孔子正同於常人，而隨之入大學，一入大學，便即須接觸著那時候的大學之道，這原是沒有問題的。只是這年十有五之際，就聖人而言，總必然會有一個大大的感觸，而不同於常人，由此而再思及一己應有的完成，遂志於學。至於所學的爲何，這全是外部的事。這亦可參之基督教的《聖經》。

《聖經》有語云：

「在曠野裏有人聲喊著，預備主的道，修直他的路。」

於是應此人聲而出，約翰來到了曠野，來到了約但河邊，給人施洗，並對人說：

「毒蛇的子孫，誰指示你們逃避將來的震怒呢？」

於此，耶穌也受了約翰的洗。於此，耶穌之受了洗，會正如孔子之志於學，兩人都同樣會有著極大的感觸。常人受洗，耶穌也受洗，但耶穌是耶穌。常人入學，孔子也入學，但孔子是孔子。耶穌受洗之後，據《聖經》載：

「天忽然爲他開了，他就看見神的靈，彷彿鴿子降下，落在他身上。」

孔子志學之後，所見的是甚麼呢？這在《論語》中沒有記載，但他會確有所見，而天也必然會爲他而開，那都會是沒有問題的！

只因確有所見，所以孔子就三十而立了。

只因天爲之開，所以孔子就四十而不惑了。

在這裏，孔子是天縱之聖，大家也不應更有所疑。

從十五而志於學起，聖人的境界就步步展開，聖人的人格就層層上昇，到了三十，他便立起來了。據朱注稱，那是：

「有以自立。」

這有以自立，就是站得住，有定型，一點不會動搖，絲毫沒有走作。這以耶穌來說，就正如耶穌被聖靈引到曠野，對魔鬼的試探，一一拒絕。當魔鬼帶他上了一座最高的山，將世上的萬國與萬國的榮華，都指給他看時，耶穌就說：「撒但退去。」所守既固，則外物皆輕。朱註稱：

「有以自立，則守之固而無所事志矣。」

此所謂無所事志，亦只是意味著又到了一個境界，較之志於學之境，已推進一步，更上一層，自然不是說就可以不要志了。這以後會大有事在！

佛到世上，是爲一大因緣。基督到世上，是爲一大差遣。孔子到世上，是爲一大事。孔子到了四十，便已不惑了。這「四十而不惑」，據朱註說是：

「於事物之所當然，皆無所疑。則知之明，而無所事守矣。」

若參以《聖經》，則耶穌在上十字架前，俯伏地上，禱告說：

「我父啊！倘若可行，叫這杯離開我，然而不要照我的意思，只要照你的意思。」

這「不要照我的意思，只要照你的意思」，也正是不惑。三十而立，會有以自立於一切試探之上。四十不惑，則是不惑於天理流行之中。中心朗然，毫無所疑，既知之明，益守之固，所謂「無所事守」，自然也不是說就可以不要守了。在這裏會正如《馬太福音》所載：「智慧之子，總以智慧為是。」

對孔子本身說：十五而志於學，那會是對自己澈底的省悟；三十而立，那會是對自己澈底的肯定；四十而不惑，那會是對自己澈底的瞭解。由於對自己有其澈底的省悟，所以便中有所主。由於對自己有其澈底的肯定，所以便貞固不移。由於對自己有其澈底的瞭解，所以便清明在躬。中有所主，則莫不是學。貞固不移，則無非是剛。而清明在躬，則統體是智慧。但於此，學更透過本心而成正學，剛更透過義理而成至剛，智慧更透過性情而成為德慧。

若就外面看孔子，則從十五而志於學上，自可看出孔子的生命之無比的強度；從三十而立上，自可看出孔子的精神之無比的強度；而從四十而不惑上，則可進而看出孔子之生命與精神兩方面，尤其是智慧上之無比的通透。本此而論，所謂不惑，就是靈明。十五而志於學，是使孔子的生命歸一。三十而立，是讓孔子的精神成純。而一到四十而不惑時，則直教孔子即是靈明。

耶穌說他就是生命，就是道路，就是光。其實在這「十五而志於學」處就是生命，在這「三十而立」處就是道路，在這「四十不惑」處就是光。

程明道說：「不學便老而衰。」可見生命就會在「志於學」那裏。

人家問甚麼是道，程伊川答稱：

「行處是。」

必須先有立處，才獲有行處。可見道路就會在「三十而立」那裏。

宋人更有一言道：

「天不生仲尼，萬古如長夜。」

這正是表明著天生孔子，由「四十而不惑」裏成了靈明，由靈明裏成了光，再由他的光，而使萬古不復如長夜。這正如在外方，自從降生了基督耶穌之後，世人們便洞悉著上帝的慈光。而不復感受著像《舊約》裏所述說著的那樣，老是耶和華的震怒。

「四十而不惑」的不惑，是道心上的不惑，那不會是一般所謂「認識心」上的不惑，因此在那不惑裏所出現著的清明和靈明，便不會只是像柏拉圖等人所嚮往著的一種阿波羅（Apollo太陽神）精神的顯現。至於世俗所說的「這個對了」、「那個一點不錯」的意義，那是全從特定的事上說的，那就是三歲小兒，也儘可以有時辦得到，這不能就等於「四十而不惑」的不惑。只不過「大人不失其赤子之心」，一個人在孩提時的良知良能，正可作成這「四十而不惑」的不惑之根。刻就此點來說，便是人皆可以不惑，亦人皆可以成聖。所謂

「人皆可以爲堯舜」，那就無異是說：每一個人都會就是生命，就是道路，就是光，因爲就普遍的理上說，每一個人都會志於學，都會立，都會不惑，而這在志於學的境界，和立的境界，以及不惑的境界上之年歲之間隔，也都會是在一個人的生理上所應有的間隔。聖人的成長，又何嘗異於常人的成長，只不過完成與否，有人事，亦有天命而已。

說到孔子的「五十而知天命」，若再參以基督教的說法，這便是「子已坐在父的身旁」而深知父。在這以前，知道子的就是父；而到此時，則知道父的就是子。朱子《四書集註》，於此註稱：

「天命即天道之流行而賦於物者，乃事物所以當然之故也。」

「天道之流行而賦於物」，這是天道之具像，亦即天理之如「月映千川」以賦萬物。這也可以說是父在子裏面，正所以使道成肉身。而一說到「事物所以當然之故」，便莫非是道。身由道成，命由理得，然皆由天而至，由父那裏來。故當一個人對自己有其極澈底的瞭解而不惑之後，他便會緊接著知道天命，或知道父。由此，他的清明，便不是陰明，他的靈明，便不是虛明；他的生命的光，便不是流光或是光景。他是更有所向，更有所主，並更有所超越。

由「四十而不惑」是對自己澈底的瞭解上，再推進一步，躍進一層，會就是對自己澈底的限定。由此對自己澈底的限定，再一轉而上同於無限，並歸於永恒，這便是對自己澈底的安頓。似此對自己澈底的限定，而又上同於無限並歸於永恆，以對自己作其澈底的安頓，這用極簡單的話來說，亦是「知天命」。

四十而不惑，是不惑於天理流行之中，是成靈明。五十而知天命，則是不居於天道發用之外，並從而知天理流行之所以流行之理，或理之理，那是成性。由此而「成性存存」，則一轉而成性天！程伊川說：

「惟天之命，於穆不已，忠也。乾道變化，各正性命，恕也。」

到這裏，忠恕之道，就成了夫子一貫之道。本此，五十而知天命，對聖人說，實至吃緊。有此「知天命」爲體，則前此之「志於學」，前此之「立」，前此之「不惑」，便都是用，便都是一番妙用。然此妙用，終同於體，因此學是天命之學，或性情之學，立是天命之立，或性命之立；不惑是天命之不惑，或性天之不惑。天命於此，或爲性情，或爲性命，或爲性天，會儘有靈明通透著一切，並儘有善行作其實質，以成其能。《易經》稱「聖人成能」，這知天命之知，並非僅成知，而實成能。由此而有無窮的生生化化，亦由此而有無窮的創進創新。《中庸》稱「天命之謂性」，此知天命，是知性，亦正是成性，並成性天。

朱子註知天命云：

「知此，則知極其精，而不惑又不足言矣。」此所謂「知極其精」，無寧說是「知極其能」，那已是知的一大躍進，所以「不惑又不足言」。不惑之知，是在知的層次上，知天命之知，則已躍出知的層次，那不僅是成知，而且是成能。必如此以衡量，朱註方有其進一層的含義，同時，所謂知天命，才絕對不會是一般所說的知道命運，或定命的意義，或命運感。

由十五而志於學，到三十而立；再由三十而立，到四十而不惑；更由四十而不惑，到五十而知天命；這都是聖人的「純亦不已」。志於學，那是聖人的純亦不已而成學。三十而立，那是聖人的純亦不已而成型。四十不惑，那是聖人的純亦不已而成智。而知天命，則是聖人的純亦不已而成能。我們看聖人，我們看孔子，我們總要從那純亦不已上去看。由此說到知天命，便須得要從那「於穆不已」處去知。是君子，就須得自強不息，是聖人就須得純亦不已，是天命就須得於穆不已。這也可以倒轉過來說：惟有自強不息，方是君子；惟有純亦不已，方是聖人；惟有於穆不已，方是天命。所有這些說法，會都是從能上說，從天行健處說，從日新又日新處說，從日新之謂大德處說，從乾知上說。到此，所謂天命，便是全知，又是全能，以至全美。而知天命，則是知全。這全是大全，亦是大化；這全是一，亦是元或乾元。

由此知天命，由此知全，由此知一，落到一個人的生活上，便是道成肉身，此即極度簡單化，此即「聲入心通」，此即「耳順」。

由此知天命，由此知全，由此知一，落到一個人的本心上，便是「肉身成道」，此即「大德敦化」，此即「心即理」，此即「從心所欲不踰距」。

朱子註「六十而耳順」說：

「聲入心通，無所違逆，知之之至，不思而得也。」

朱子註「七十而從心所欲不踰距」說：

「隨其心之所欲，而自不過法度，安而行之，不勉而中也。」

這裏所說的「不思而得」，會正如風之來。這裏所說的「不勉而中」，會正如風之去。

基督教《聖經》上載耶穌所發出的一個問題，無人能答，那就是：

「有誰能知道風從哪裏來，又向哪裏去？」

《中庸》亦有語曰：

「知遠之近，知風之自，知微之顯，可與入德矣。」

要知天理流行如風，天道運行如風，以至時代之來如風，時代之去亦如風。在這裏，一個人如眞能風來耳順，風去心從，而讓所過者化，所存者神，自然一方面會是「知之之至」，一方面又會是安而行之。到此所志之學，自一轉而爲聖學，所說之立，自一轉而立大方向。由此，不惑以成天地之心，知天命以爲生民之命，順耳以聽往古來今，從心以生天生地。過此以往，雖未之或知，但風從天理流行處來，風自天道運行處去，這總是可以想見的。

當六十而耳順，即一切無所違逆時，這自然會是天理、天道、天命如風之來，全歸於生活而永恒。

當七十而從心所欲不踰矩，即一切不過於法度時，這自然會是天理、天道、天命之如風之去，全發於本心而無限。

此一在知天命之後、在對自己澈底限定之後，復歸於永恆與無限之境界，自後人視之那自然會是：

「仲尼，天地也。」

但若從順耳以聽往古來今，從心以生天生地來說，孔子卻又是天地之所以爲天地。眞正說來，到六十而耳順的孔子境界，已是不可說，而到七十而從心所欲不踰矩的孔子境界，更是不可說。以上所說，那都不過是所謂順著時風而說。惟在此時風之下，述說著孔子的境界，其難更甚於昔。只是天理流行於耳際，天道運行於本心，當知順此耳之義，當知從此心之樂，這對每一個人會是迫切的，總該沒有問題。孔子自述其生平所至之境，語言極平淡而自然，原無自以為聖之處。此在朱註中已言及之。惟我人即就此平淡而自然之語言計只六句中，亦已感覺到儘有其引伸不盡之義。聖德之難言，聖心之難說和聖境之難窺，類皆如此。

今若僅就其平淡而自然處而以極淺之言釋之，則吾十有五而志於學就是一心要學好，三十而立就是一切有把握，四十而不惑就是一切想得通，五十而知天命就是一切放得下，六十而耳順就是一切聽得進，七十而從心所欲不踰矩就是一切打得開，這正是所謂聖德淡然，聖心朗然，聖境坦然，人人能知，人人能行。

第四講　對聖人的認識

（一）

子入大廟，每事問，或曰：「孰謂鄹人之子知禮乎？」子聞之曰：「是禮也。」（八佾篇）

一入大（太）廟，即把自己當成一個小學生，每事問。這正如耶穌，自稱人子，乃所以表示謙卑敬謹，實即爲禮。由此當知孔子之超越精神及其對宗教之另一看法。

（二）

儀封人請見，曰：「君子之至於斯也，吾未嘗不得見也。」從者見之。出曰：「二三子何患於喪乎？天下之無道也久矣，天將以夫子為木鐸。」（八佾篇）

在此，一方面表明著儀封人的大眼力，一方面又表明了孔子的眞氣象，這話大可比照《聖經》如下的話：

「曠野裏有人聲喊著：修直主的路！」

當時眞知孔子者極少，而儀封人一見之下，即認其爲以道援天下之人，而有如木鐸，司行教化。在這裏，天以尼山爲木鐸，我聞曠野有人聲，一切會都是天啓。

（三）

子曰：「朝聞道，夕死可矣。」（里仁篇）

這用極普通的話來說，就是聞了道，當死即死。在這「當死即死」之間，中心朗然，滲透的全是義理而非血氣。血氣之人亦可以要死就死，惟其氣象自別。《馬可福音》載彼得因耶穌自言要被殺，而欲阻其耶路撒冷之行，耶穌即說道：

「撒但，退我後邊去吧。你是絆我腳的，因爲你不體貼神的意思，只體貼人的意思。」

這自然也是「當死即死」，只不過你要是細細體味著「朝聞道，夕死可矣」之辭，卻又可見出孔子的一種安祥氣象，辭氣之間，又自有其舒和迫促之不同。

（四）

子曰：「參乎，吾道一以貫之。」曾子曰：「唯。」子出，門人問曰：「何謂也？」曾子曰：「夫子之道，忠恕而已矣。」（里仁篇）

此與《中庸》所說的「忠恕違道不遠」的說法相較，是在又一個層次上說。就體上說，忠恕是一以貫之之道，程明道說：

「惟天之命，於穆不已，不亦忠乎？天地變化草木蕃，不亦恕乎？」

在這裏，忠恕自然是澈上澈下的，那是直透著一切，所以是一貫之道。但就用上說，忠恕則只是天道的發用，那只是盡己與推己之事，這便是特殊化、個別化了。但此特殊化、個別化，終不礙於普遍化、一貫化，所以說「違道不遠」。在儒家思想體系中，總常是以善行說明著本體，忠恕在《中庸》的層次上是只把它作著善行，而另用誠去說明本體。曾子直接以忠恕說明之，那就樸實多了。實則忠恕與誠，終是一理。

（五）

子貢曰：「夫子之文章，可得而聞也，夫子之言性與天道，不可得而聞

也。」（公治長篇）

性情之際，最是難言，天道常是簡直不可說，這正如所謂第一義不可說。既是難言，既是常是不可說，則夫子言之，自亦只是偶而言之，且非其人，言如不言，惟性情所至，文章隨之；天道所顯，亦成文章。文章儘可以說，故可得而聞。這是一義。又性與天道，非可空言，此皆實踐上的事，實有所得，始能實有所見，到此，加以指點，略予言談，方成教法。否則，由知解入，即必須窮知見德，但亦只是智及之。故性與天道，終須罕言，如一聞之，即成至論，不由你不嘆他處不可得而聞，非若文章之有人談說，可得而聞。這又是一義。

（六）

子曰：「十室之邑，必有忠信如丘者焉，不如丘之好學也。」（公治長篇）

此有忠信，是有忠信以為質，故雖小邑，皆隨時可見。惟聖人成能，必須好學，必須實踐，方可全忠信之大德，成忠信之大能。僅忠信為本質，便只是可能。實踐的本身，其實也是由忠信而來，故好學即是忠信的一個發展（Developement）。到此，功夫即是本體，而知好學尤爲可貴，聖凡畢竟不同。

（七）

子曰：「述而不作，信而好古，竊比於我老彭。」（述而篇）

使作而不述，則一切便須從頭作起，此將不復更有人文。有古可好，便表明在人文上儘有其偉大的傳統，於此而信得及，便一方面是繼往，一方面又是開來。舉凡輕言創作，不顧傳統，實皆於聖心，有所不忍，於此知老彭之賢與夫「保守」一義儘有其可貴之處。而孔子之偉大處，則正在其於當時能本此態度以集前聖之大成，而開出我國文化之大方向。

（八）

子曰：「默而識之，學而不厭，誨人不倦，何有於我哉？」（述而篇）

默而識之，則一切存諸心。學而不厭，則一切有諸己。而誨人不倦，則又是一切之不容已。固皆仁之心與仁心之自然流露。除此之外，更何所有？是知爲仁，始能爲聖。

（九）

子曰：「德之不修，學之不講，聞義不能徙，不善不能改，是吾憂也。」（述而篇）

德之不修，則仁心不能發。學之不講，則仁心不能明。聞義不能徙，則仁心塞。不善不能改，則仁心傷。可憂者，固莫甚於此。

（十）

子之燕居，申申如也，夭夭如也。（述而篇）

在日常生活中，隨處體認天理，便自申申。申申實乃生命暢遂之象。人惟在天理流行無阻處，始能暢遂其生命。在日常生活上，隨時觸發天機，便自夭夭。夭夭實乃生機開啓之象。人惟在天機呈露處，始能開啓其生機。此皆性情之事，惟性情中人，始克臻此。由「申申如也」來說，那是心安而理得。由「夭夭如也」來說，那是天清而地寧。到此，人之燕居，便一切有了安頓。而孔子之所以聖，亦正在他對一切都有了安頓。

（十一）

子曰：「甚矣，吾衰也！久矣，吾不復夢見周公。」（述而篇）

這只是一片精誠。孔子在當時，總是想把時代朝上翻。他的仁心所至，已許管仲以仁，則其對周公之聖，自更夢寐思之。惟一切有人事，亦有天命，久而久之，遂一轉而不復有夢。就仁心之不容已處說，就只好承認一己生命之衰，惟就聖德之日進日新處說，則此衰，最多亦不過是氣血之衰，而其以理養氣，正可益見其生命之堅強，以至不朽。

（十二）

子曰：「自行束脩以上，吾未嘗無誨焉。」（述而篇）

惟誨人不倦，故未嘗無誨。但若人不盡禮，誨之亦將徒然，故必自行束脩，以致其禮，始誨之。在這裏，主持教化與一般宗教上之傳教，畢竟是兩回事，在教化上，終有其限定，終有其分寸。

（十三）

子食於有喪者之側，未嘗飽也。子於是日哭，則不歌。（述而篇）

在此實可見出全副性情。在此只是心不容已，在此只是情不容已。喪者之側，自然難飽。是日既哭，自然不歌。這只是仁心之自然流露，這只是性情之自然作主。

（十四）

子曰：「富而可求也，雖執鞭之士，吾亦為之。如不可求，從吾所好。」（述而篇）

此非厭富，實則富又何可厭？惟富亦非足羨，於此將心放得平平，不羨不厭，視之極輕，並終覺其不可求，不如從己所好，即此便是去人欲而存天理。從人欲上說：執鞭求富，未嘗不可。但從天理上說，外重內輕，究非所宜。若人因羨富以致厭富，仍是外物爲重。此處心能放平，誠屬不易。

＊　＊　＊　＊

以上所述十四條，如能細心體會，自大有助於對聖人之認識。於此切己體察，常有所省。於此優游涵泳，必有所悟。若問此間有無線索，有無系統，這便是會有所蔽。能知聖人者，即從其片言隻字中，亦可窺知。不能以色身見如來，自亦不能以通常所謂知識上的線索或系統的知解以觀孔子。

第五講　聖人的人格現顯

（一）

子之所慎：「齋，戰，疾。」（述而篇）

此則是在天人之際，敵我之際與死生之際，人之所愼，亦爲孔子之所愼。由此而肯定宗教道德，國家民族，歷史文化，固皆眞能愼於齋、戰、疾者所應有之事。否則便是所謂「軀殼起念」，絲毫未能識取孔子之心腸。

（二）

子曰：「飯蔬食飲水，曲肱而枕之，樂亦在其中矣，不義而富且貴，於我如浮雲。」（述而篇）

明儒王龍溪有言云：「樂爲心之體。」飯蔬食飲水，曲肱而枕，不礙心體，故樂在其中。如必待有一對象始樂，則連樂道之樂，亦非眞樂。故程伊川晚年即謂：顏子如有道可樂，即非顏子。義而富貴，視之猶輕，「不義而富且貴」，自更如浮雲。浮雲蔽日，不義之富貴，則大足蔽心。

（三）

子曰：「加我數年，五十以學易，可以無大過矣。」（亦作卒以學易）（述而篇）

此處與年歲無關，說五十以學易固可，說卒以學易亦可，要皆須善體孔子之心。學易者俱知易以未濟終，此則是天道終於未濟。以此而言人道，則人道當亦終於有過。聖人於此，深心所求者亦只好是「可無大過」。明人羅近溪言「仲尼臨終時，終不免嘆一口氣」，此眞識聖人之心。耶穌於此，則直上十字架。惟耶穌以天道既濟，而教世人「只要信，不要怕」，則猶有異於孔子學易求仁之心。近時外方存在主義者有上帝隱退之說，此亦似認天道既濟，終於未濟。惟於求仁之心，則終有所昧。

（四）

子所雅言：「詩，書，執禮，皆雅言也。」（述而篇）

此乃由於孔子所負擔起來的是教化上的一個大使命，而詩書執禮，則是教化的大端，故所當言，然此亦為性情所至。就孔子而言，性情之所至，即是使命之所在。

（五）

葉公問孔子於子路，子路不對。子曰：「女奚不曰：『其為人也，發憤忘食，樂以忘憂，不知老之將至云爾。』」（述而篇）

這只是一件事。惟發憤忘食，始樂以忘憂；惟樂以忘憂，始不知老之將至。亦惟樂以忘憂，始發憤忘食，惟發憤忘食，始不知老之將至。而不知老之將至，便又自發憤忘食，樂以忘憂。不知老之將至，是無時間相。樂以忘憂，是心體澄然。發憤忘食，是「天行健，君子自強不息」。要皆求仁所致。求仁則天心同於仁心，心體同於仁體，而仁體則不復更有時間之相。那只是「純亦不已」。由孔子之純，可知孔子之仁；由孔子之仁，可知孔子之健。亦由孔子之仁，可知孔子之純與健。更由孔子之健，可知孔子之仁與純。仁與純與健會都是一件事。健無息，自發憤忘食。仁無憂，自樂以忘憂。純無已，自不知老之將至。就天道上說健，就人道上說純，就心體上說仁，故知孔子之仁，即知孔子之心，知孔子之心，即知孔子之為人。在此等處，最是難言。子路不對，實是心知其意，而一時不知從何說起，非真不知孔子為人之健，存心之純與求仁之切。

朱子注云：

「未得，則發憤而忘食；已得，則樂之而忘憂；以是二者俛焉日有孳孳，而不知年數之不足，但自言其好學之篤耳。」

此好學之篤，即是為人之健，亦即是存心之純，與求仁之切。惟仁者之心不容已，始能好學之篤。故朱子於此續注云：

「然深味之，則見其全體至極，純亦不已之妙，有非聖人不能及者。」

要知在此等處，如何可及？這裏所說的，全體是性情，統體是德慧，因此整個是仁。

（六）

子曰：「我非生而知之者，好古敏以求之者也。」（述而篇）

從本質上說，孔子實是生而知之。此在耶穌，則直說他是神之子，而在模罕默德，亦說他是上帝的僕從。惟孔子的人格，畢竟不是宗教上的人格，因此不一味超越，而俯就世間。但在俯就之際，又不一味現實。由此推開一步，便是好古。由好古再急急以求：第一，可以不必從頭作起；第二，凡百皆有本源；第三，把一己更客觀化；第四，由此接上往古，正所以開來今。在這裏求學求仁，皆可周流而不息。說「我非生而知之」，則正表明其天機之條暢。

（七）

子不語怪力亂神。（述而篇）

此惟仁者，始能不語怪，不語力，不語亂，亦不語鬼神。語怪異有所不安，語勇力有所不宜，語悖亂有所不忍，而語鬼神，則有所不能輕出於口，常須歸於無言。要知在性情之際，一切平平，故不語怪力亂神，正所以見此德慧，顯此仁心。

（八）

子曰：「三人行，必有我師焉，擇其善者而從之，其不善者而改之。」（述而篇）

人必與人爲善，始能取人爲善；亦惟取人爲善，始能與人爲善。在此，與人爲善，是一無窮無盡的功夫，取人爲善，亦是一無窮無盡的功夫。由此無窮無盡的功夫，到達無窮無盡的境地，便是善與人同而涵蓋一切。到這裏，正所謂泰山雖高，不如平地之大。一般宗教上的人格，總是一味超越，故常極其崇高。惟此崇高，每至隔離。此則不僅天與人隔，人亦與人隔，至善被推出而爲神，寖至神與心亦隔，而成宗教之流弊。欲救此流弊，則在超越精神上須濟之以涵蓋精神，亦正如涵蓋精神，須濟之以超越精神。孔子在此等處，極表現其涵蓋精神，惟在他處亦極顯現其超越精神。此孔子之所以爲至聖。世人每因孔子之涵蓋精神，遂特重其道《中庸》與致廣大之一面。而未睹於孔子之超越精神，遂忽視其極高明與盡精微之另一面。實亦未知孔子之全。

道二：仁與不仁。而人則有善有不善。惟仁者能好人能惡人。其好之之極，自爲「擇其善者而從之」。其惡之之道，自爲「視其不善者而改之」。必須人皆成一面鏡子而使我能照見自己，始能好惡得其平。必須好惡得其平，始能好惡得其正。好惡非可輕言，此則必須有從善改過之實，以至「三人行，必有我師」之度，始足言之。

（九）

子曰：「天生德於予，桓魋其如予何？」（述而篇）

此處便儘足顯現孔子之超越精神。耶穌當被拿時，對爲他砍下敵人耳朵的人說：「收刀入鞘罷，凡動刀的必死在刀下。你想我不能求我父現在爲我差遣十二營多天使來麼？」（《馬可福音・第二十六章》）

此在孔子是「天生德於予」，天與人爲一。此在耶穌是「父差遣我」，父與子爲一。死生不在心中，敵人自不在眼下。桓魋當時欲害孔子，會正如猶太人之欲害耶穌。惟不可死，有天在；可死，有父在。莫不坦然！爲「天生德於予」，故不可死。爲要到父那裏去，故可死。可死與不可死，皆一本於至道，所以坦然。

（十）

子曰：「蓋有不知而作之者，我無是也。多聞擇其善者而從之，多見而識之，知之次也。」（述而篇）

不知而作，那是無明，知而作之，那是清明。聖人清明在躬，故貞固不移。惟其致此之道，亦不外乎多聞多見，擇善而從。多聞多見，所以周此智，擇善而從，所以見此德，必須智周而德見，方為清明。然此清明與「知而作之」之直下之知，所成之直下之清明，自又有其層次之不同。故說「知之次也」。此在佛家亦有漸修與頓悟之不同，惟漸修功夫，終是一個好把柄。由此以言多聞多見擇善而從，自是下學上達語，亦即澈上澈下語。

（十一）

互鄉難與言。童子見，門人惑。子曰：「與其進也，不與其退也，唯何甚？人潔己以進，與其潔也，不保其往也。」（述而篇）

這只是姑以此語，解釋門人之惑。若就聖人本心言，則正如耶穌所說：

「康健的人用不著醫生，有病的人，纔用得著。」

「我來本不是召義人，乃是召罪人。」（語俱見《馬太福音．第九章》）

惟孔子於此，卻又不直認互鄉童子之爲病人或罪人。互鄉之人，只是習爲不善，非本爲不善。習爲不善，只是難與言，若本爲不善，便是不可說。就習上說，則有進有退，有潔有不潔，若去其習上之退與不潔，則其人便只是進，只是潔。而其習上之退與不潔，所以有去之之可能，則全在其有不甘於退與夫不安於不潔之心，而此不甘不安之心，當即互鄉童子求見之心。然此或許不是當時互鄉童子求見之心。但人畢竟不應如此設想。彼門人之所以惑，即惑在如此設想上。故孔子對門人解釋之言，終有異於耶穌和稅吏並罪人一同喫飯時之語。在此，孔子之言安緩，而耶穌之言斬切，正所謂此乃瀰天漫地，而彼乃切斷眾流。

* * * *

以上所述十一條，自亦大有助於我人對聖人之認識。聖人人格之直接顯現處，見者自見，迷者自迷，姑爲解說，有時誠不免是多餘的。惟時至今日，不加解說，又似終有所不宜，故解說如上。

第六講　聖人的境界

（一）

子曰：「若聖與仁，則吾豈敢？抑為之不厭，誨人不倦，則可謂云爾已矣。」公西華曰：「正唯弟子不能學也。」（述而篇）

爲之不厭，一方面是默而識之，一方面是學而不厭，這裏儘有其無窮無盡的實踐功夫；而誨人不倦，則儘有其於穆不已的心血，和綿綿不絕的心腸。就無窮無盡的實踐功夫上說，那是聖。在那裏，仁儘可「大而化之」。就穆穆綿綿的心血與心腸上說，那是仁。在那裏，便儘可神而明之。不居聖與仁之名，而有聖與仁之事，從而不厭不倦，過化存神，此正弟子之所不能學。惟於此而有所嚮往、有所致力、有所邁進，則所謂不能學，便正是所以學。

（二）

子溫而厲，威而不猛，恭而安。（述而篇）

溫是和風慶雲，厲是泰山巖巖，威而不猛是雷雨之動，恭而安則是天清地寧。於此，天清地寧是絕大諧和，雷雨之動是絕對創造，而合和風慶雲與泰山巖巖而為一，則是乾坤在手，萬化歸身。

（三）

子曰：「學如不及，猶恐失之。」（泰伯篇）

此為學之心，亦即追求眞理者之心；而此追求眞理者之心，更即為正視一不可知之世界和未可思議之宇宙之心。甘地有言：「追求眞理者，心柔如蓮花，硬如花崗石。」就學如有所不及處說，那是心柔如蓮花，蓮花淡淡，蓮葉田田，加以那花瓣裏和葉面上的露珠，搖搖欲滴，便是「學如不及」之象。就「猶恐失之」而言，那心中竦然惟恐其或失之之情，便是硬如花崗石。到此便是一切不得放過，又一切須得放下。為學之甘苦，必如是始能知之深切，由此而正視著一個不可知之世界和未可思議之宇宙，則其心即栖栖遑遑，惟恐日之不足。到此便自然會一如程子所云：纔說姑待明日，便不可也。

（四）

子絕四：「毋意，毋必，毋固，毋我。」（子罕篇）

這只是生命之不沾滯！生命之不沾滯，是由於內心之無牽掛；內心之無牽掛，是由於性情之眞暢達；而性情之眞暢達，則又由於天機之大逞現。

朱注稱：

「意，私意也。必，期必也。固，執滯也。我，私己也。四者相爲終始，起於意，遂於必，留於固，而成於我也。蓋意必常在事前，固我常在事後。至於我又生意，則物欲牽引，循環不窮矣。」

人之心，一念而清明，一轉而無明。亦一念而無明，一轉而清明。由無明而私意，由私意而期必，由期必而執滯，由執滯而私己，又由私己而生私意，到此「物欲牽引」、「循環不窮」，便一直是無明，而大亂作，其極便是「天地閉，賢人隱」。此必須賴一偉大的生命之不沾滯，始能一轉而絕之。一轉無明。便即清明。在一大清明朗照之下，私意無所遁其形而啞然若失。由此而期必之情，只覺其可笑；執滯之質，只覺其可悲；私己之智，只覺其可恥；而由於恥其私己，遂更悲其執滯；由於悲其執滯，遂更笑其期必；由於笑其期必，遂更澄其私意。到私意澄然時，便是清明所在處；而清明所在處，又復為無明一轉時。即此便是扭轉乾坤。因此，子絕四，毋意、必、固、我，便成天地氣象。張橫渠說：「四毋有一，則與天地不相似。」

這正是一絕，一齊絕，有一即有其四。到生命沾滯，內心牽掛，性情窒塞，天機抹煞時，豈復更似天地？

（五）

子畏於匡。曰：「文王既沒，文不在茲乎？天之將喪斯文也，後死者不得與於斯文也；天之未喪斯文也，匡人其如予何？」（子罕篇）

這裏所說的「文不在茲乎？」便整個是使命！孔子於此等處，痛感到一己的整個使命，這便使其一己之生命和宇宙之生命，完完全全合而為一，整個使命貫澈於整個生命之中，這使責任成為生命，使命更成為生命。生命所在處，即使命所在處，則害己之生命者便即違天之意旨。人不能違天，即終不能害己，而所謂不能害己，便只是一個澈上澈下的使命感，並非意指一己有何所恃。有所恃，則有所對，這裏只是無對。無對便是無敵。既是無敵，便是「匡人其如予何？」文王有其使命，文王沒，孔子後死，接著有此使命。所謂文在茲，就是文化生命在茲。整個文化生命的延續，構成一整個使命，上天若眞使整個文化生命斬斷，則孔子後死，即不致承接此整個文化生命，今孔子既已承接此整個文化生命，則是上天未斬斷此整個文化生命，而要透過孔子的生命，以永續此整個文化的生命。此一穆穆綿綿之意，是生命滲透了使命，又是使命化成了生命。《史記》載「陽虎曾暴於匡，夫子貌似陽虎，故匡人圍之」。孔子在此於生命有戒心之際，故更突顯其使命之感。當其感到一切是使命時，便自然會感到一切是坦然。

（六）

子曰：「吾有知乎哉？無知也。有鄙夫問於我，空空如也，我叩其兩端而竭焉。」（子罕篇）

這是掃除一切的知見，放下一切的知解，而讓一切平鋪著。在此心蕩然之後，又復歸於朗然。就「空空如也」來說，那是蕩然。就「叩其兩端而竭焉」來說，那是朗然。先把自己澈頭澈尾、澈內澈外地清理著，俾毫無渣滓；再對鄙夫澈上澈下，澈始澈終地告白著，便全是眞誠。

朱注稱：

「孔子謙言己無知識，但其告人，雖於至愚，不敢不盡耳。叩，發動也。兩端猶言兩頭，言終始本末，上下精粗，無所不盡。」

惟在此言己無知，是謙言，亦是實語。人必去己之智，始能竭人之智，以此告人，則人雖至愚，亦必終歸於明，而在一己之明德之中。此則一方面是不敢不盡其誠，一方面亦正所以盡其明。叩其兩端而竭焉，就正如燃其兩頭，以使其生命發光，中心發亮。

（七）

顏淵喟然嘆曰：「仰之彌高，鑽之彌堅，瞻之在前，忽焉在後，夫子循循然善誘人，博我以文，約我以禮，欲罷不能。既竭吾才，如有所立，卓爾，雖欲從之，末由也矣。」（子罕篇）

在這裏，一切是精進，一切是創造，一切是乾乾，一切是無息。惟其是乾乾，所以仰之彌高。惟其是無息，所以鑽之彌堅。惟其是創造，所以瞻之在前。惟其是精進，所以忽焉在後。這正是一個仁，這正是一個道，這正是一個人—夫子於此循循然，更善誘人以進，便有如父母之於孩提。只是道無聲臭，仁無跡象，此必博之以文，方是「必有事焉」。又道之浩浩，仁之肫肫，亦必約之以禮，始有下手處。顏子於此博文約禮，便亦只是無息，只是乾乾，只是創造，只是精進，所以是欲罷不能。而當自竭其才時，便似於一大流中，見有所立。這有所立，實是堂堂巍巍，所以說「卓爾」。只是在此大流中，又如何能停得住，這必須絕對的精進、絕對的創造、絕對的乾乾和絕對的無息，方是於穆不已和純亦不已，由此而見「肫肫其仁，浩浩其天，淵淵其淵」，故「雖欲從之，末由也矣」。惟此所說從之末由，亦只是於絕對精神處未達一間。朱注稱：「此顏子自言其學之所至也，蓋悅之深，而力之盡，所見益親，而又無所用其力也。」又程伊川亦云：「到此地位，功夫尤難，直是峻絕，又大段著力不得。」到無所用其力處，或大段著力不得處，便莫非是道，莫非是仁。此誠有見於道，有見於仁之言，亦即眞有見於孔子之言。

（八）

子欲居九夷，或曰：「陋，如之何？」子曰：「君子居之，何陋之有？」（子罕篇）

這正如耶穌獨自退到野地裏，當門徒前來說道「這是野地」，又說「這裏只有五個餅，兩條魚」時，他就擘開餅，遞給門徒，門徒又遞給五千眾人，不僅大家喫飽了，而且還儘有剩餘。這是當下即足，所以說：「何陋之有？」朱注稱：

「君子所居則化，何陋之有？」

惟其當下就是永恒，眼前就是無限，所以就會「所居則化」，如此退處九夷，一方面固由於道之不行，但一方面又正是所以行道。

（九）

子在川上曰：「逝者如斯夫，不捨晝夜。」（子罕篇）

這是有見於生命之大流，亦即眞理之流，天道之流！只流行之不息，便是生生之不已。

只生生之不已，便是化化之無窮。惟此無窮之化，又終歸於簡單化，終歸於一流，終歸於一，又終歸於無所用其力，終歸於何思何慮？一不如斯，便歸斷絕；一捨晝夜，便歸罷休。但此又如何能斷，如何能休？《聖經》載：「天門開了，鴿子飛來。」在這裏則是「地門開了，川流不息」。故朱子於此注稱：

「天地之化，往者過，來者續，無一息之停，乃道體之本然也。」

程伊川亦於此有言曰：

「是以君子法之，自強不息，及其至也，純亦不已焉。」

要之，此皆穆穆綿綿之意，是仁者之心，亦正是此心之仁，此心之不容已。此不同於耶，因耶有末日之言。此亦異於佛，因佛有涅槃之說。

（十）

〈鄉黨篇〉大意。

我在〈孔子的態度〉一文中，對此曾有所論述，我並曾指出「山梁雌雉，時哉時哉」之嘆，含蘊著孔子日常生活態度之本，我繼說道：

「現有些人士，因爲〈鄉黨篇〉所述孔子日常生活態度之庸瑣曲折，每以爲從那裏實在看不出甚麼道理來。這只是因爲從那裏沒有看出孔子日常生活態度之本。如眞能從那裏看出孔子日常生活態度之本，則〈鄉黨篇〉通篇之所述，都只不過是印證著孔子的一味自然，一味老實，和只是平平常常，因而停停當當。」（參閱拙作〈孔子的態度〉一文）

第七講　聖人的心情

（一）

子曰：「君子道者三，我無能焉：仁者不憂，知者不惑，勇者不懼。」子貢曰：「夫子自道也。」（憲問篇）

此三者，可以列舉說，但不可以分離說。如僅就知者不惑而言，則大有似於外方之阿婆羅（Apollo太陽神）精神，既不惑矣，又何憂？惟莊生終於此嘆息道：「吾生也有涯，吾知也無涯。」是以知者不惑，終有不惑之憂。如僅就勇者不懼而言，則又大有似於外方之狄恩休士（Diansuss酒神）精神，既不懼矣，又何憂？惟英雄總流為悲劇，酒神終是酒神，是知勇者不懼，終有不懼之憂。故阿婆羅精神不可虛懸，狄恩休士精神不可孤立。此唯仁者，能合此阿婆羅精神與狄恩休士之精神而為一，使之落實而停當，平鋪而安詳。故惟仁者，始眞能不憂。仁者必有勇，仁者亦必不惑，只此有勇，是無憂之勇，只此不惑，是不憂之不惑。

因此說仁者不憂，便隨即是知者不惑，勇者不懼，列舉可，分離則不可。君子道者三，孔子儘有其仁。但既有其仁，則知與勇即已涵攝，是以不憂、不惑、不懼，皆備於孔子之一身。孔子說：「我無能焉。」自只是孔子之自道，朱注稱：

「自道，猶云謙辭。」

當時人之視孔子，與夫萬古千秋後之視孔子，固不至如孔子之自然謙然。

（二）

子曰：「莫我知也夫！」子貢曰：「何為其莫知子也。」子曰：「不怨天，不尤人，下學而上達，知我者，其天乎？」（憲問篇）

仁者之心，是內心的絕對均衡。內心的絕對均衡，是天心的絕對和諧。既然天心是絕對和諧，則不得於天，便理應不得怨天；既然內心是絕對均衡，則不合於人，便理應不合尤人。故朱注稱：「不得於天，而不怨天，不合於人，而不尤人，但知下學而自然上達。此但自言其反己自修，循序漸進耳。」程伊川亦於此說道：「不怨天，不尤人，在理當如此。」

要知能「反己自修，循序漸進」，和能知其「理當如此」，都只是一己之清明所照。一己之清明，是由於內心之均衡。內心之均衡，是由於天心之和諧。因此清明之所照，正是天心之所照。一己獨知之處，正是人未及知而天獨知我之處。只盡己心，就可以上達天心，故說「下學而上達」。既已上達，天豈不知？故說「知我者其天乎？」天心絕對諧和而人心每每失察。既人心失察，自莫我知。故說：「莫我知也夫。」由此數語，聖心可見。子貢於此有問，正所以發聖心。

（三）

公伯寮愬子路於季孫，子服景伯以告，曰：「夫子固有惑志於公伯寮，吾力猶能肆諸市朝。」

子曰：「道之將行也與，命也。道之將廢也與，命也。公伯寮其如命何？」

（憲問篇）

這是對特定的事，決之於理，亦聽之於命。決之於理，則此心朗然。聽之於命，則此心淡然。而在利害之際，必使此心淡然，始獲此心朗然。凡特定的事，總不免有利害參雜其間，而我之行道與道之行否，亦是一某種限度上的事，所以亦儘可聽之於命。即此便可消釋無窮的權力鬥爭，化除無限的利害衝突，使禍亂之弭，歸於無形。

（四）

子曰：「賢者辟世，其次辟地，其次辟色，其次辟言。」（憲問篇）

不論辟世，辟地，辟色，辟言，會都只是讓開一步。只此一讓開，便保全了無數的善良種子和潛藏了無限的活潑生機。

（五）

子路宿於石門。晨門曰：「奚自？」子路曰：「自孔氏。」曰：「是知其不可而為之者與？」（憲問篇）

照晨門之意，此「知其不可而爲之」之精神，會只是相當於外方的狄恩休士的精神，實則知其不可，即是不惑。爲之，即是不懼。從而不憂一轉而爲有憂，以相應天地之無憂，而盡此穆穆綿綿之意，便全部是德慧，整個是仁。

（六）

子擊磬於衛。有荷蕢而過孔氏之門者。曰：「有心哉，擊磬乎！」既而曰：「鄙哉，硜硜乎？莫己知也。斯已而已矣。深則厲，淺則揭。」子曰：「果哉，末之難矣。」（憲問篇）

這是以相當於外方的阿婆羅精神自期而期人。惟此實難語於穆穆綿綿之意。人必於此穆穆綿綿中以成性存存，此乃一永恆的所在。人必於此穆穆綿綿中以成能一一，此乃一無限的過程。若只是智的虛懸，以自局限，以自了，自是易易而「末之難矣！」然此又如何可了？如何可限？如何可懸？「莫己知也，斯已而已」，那是「了」。「深則厲」，那是限。「淺則揭」，那是懸。這都是講便宜的勾當和「揀易的」的行徑。而「鄙哉！硜硜乎？」則正是此心之不容已，此心之敞開，和此心之沉下。

（七）

子曰：「賜也，女以予為多學而識之者與？」對曰：「然。非與？」曰：「非也。予一以貫之。」（衛靈公篇）

前言孔子之道，一以貫之，那是對曾子說。曾子實踐有得，因舉忠恕以言。此言孔子之學，一以貫之，那是對子貢說，子貢博學多能，聞此便無話說。人必周此智，方顯此德，而欲周此智，則必須萬法歸一，然僅歸一，猶非於穆不已和純亦不已之心，故必一以貫之，始盡此意。這是從知上說，如此則多學而識之，便一轉而若無所有，人心與道心，便獲貫通。如從行上說，則揭本心，便無此曲折。故在此所舉之一以貫之，是貫澈上下。而對曾子所言之一貫，則是貫澈始終。要之，行必使天下歸仁，知亦必使天下歸仁，方有著落。

（八）

子曰：「有教無類。」（衛靈公篇）

由於人性之善，故不善皆可歸於至善。由於人心之明，故無明皆可歸於清明。在此人性人心之同上，有教無類，便是一大平等相，又是一大光明相。

（九）

長沮、桀溺耦而耕。孔子過之，使子路問津焉。長沮曰：「夫執輿者為

誰？」子路曰：「為孔丘。」曰：「是魯孔丘與？」曰：「是也。」曰：「是知津矣。」問於桀溺。曰：「子為誰？」曰：「為仲由。」曰：「是魯孔丘之徒與？」對曰：「然。」曰：「滔滔者天下皆是也，而誰以易之？且而與其從辟人之士也，豈若從辟世之士哉？」耰而不輟。子路行，以告。夫子憮然曰：「鳥獸不可與同群，吾非斯人之徒與而誰與？天下有道，丘不與易也。」（微子篇）

這儘是仁覆天下之象。人終不安於與鳥獸同群，即此不安之心，便是人終須爲人之徒之理。既已爲人之徒，則天下有道與無道，便只是一特定的事，正因爲天下無道，仁者始有事於天下。仁者不能無所事，故不可棄天下以爲仁。惟仁者以天地萬物爲一體，仁者亦儘可與天爲徒。故耶穌自稱爲上帝之子，並稱國在天上。但其來世間是爲罪人，不是爲義人，亦終成爲人之子，而大非遺世而獨立。至於孔子與人爲徒，上體天心，上達天德，亦終於與天爲徒。此亦正如耶穌之超越。只是孔子有特定的事，耶穌卻無特定的事。孔子著眼於有道無道，而以天下歸仁爲事，耶穌則儘是教人「只要信，不要怕」，而以天國爲念。因此，孔子便只是憮然，而耶穌則只是決絕！惟由孔子之憮然一嘆，而使世人深懷上天之仁；由耶穌之決絕一死，而使世人洞悉上帝之愛。則聖人之澤，不容擬議，終是難言。孟子曰：「乃所願，則學孔子也。」這只是因爲人終須以家國天下爲心，以盡此心之仁。到此便是「必有事焉」，故其事亦特難。

（十）

子路從而後，遇丈人，以杖荷蓧。子路問曰：「子見夫子乎？」丈人曰：「四體不勤，五穀不分，孰為夫子？」植其杖而芸。子路拱而立。止子路宿，殺雞為黍而食之。見其二子焉。明日，子路行以告。子曰：「隱者也。」使子路反見之。至則行矣。子路曰：「不仕無義。長幼之節，不可廢也；君臣之義，如之何其廢之？欲潔其身而亂大倫。君子之仕也，行其義也。道之不行，已知之矣。」（微子篇）

既爲斯人之徒，則可以仕，可以不仕，皆應一本於道而唯義之所在。否則，義廢道自不行。

（十一）

逸民：伯夷，叔齊，虞仲，夷逸，朱張，柳下惠，少連。子曰：「不降其志，不辱其身，伯夷、叔齊與！」謂：「柳下惠，少連，降志辱身矣，言中倫，行中慮，其斯而已矣。」謂：「虞仲、夷逸，隱居放言，身中清，廢中權。」、「我則異於是，無可無不可。」（微子篇）

出處之際，其道無窮，如其仁精義熟，則固無可無不可，而皆當於理，皆合於道。否則一有所泥，便失此心之靈，便礙此道之大。這無可無不可之象，會只是仁者無隔無對之象。耶穌囑其門徒不可預定所要回答的話，因到時有問自會有答，擬議便乖。此對一個人的出處，亦正應如此，不必預定，故亦可說：「無可無不可。」惟在此，孔子則只是肫肫其仁，浩浩其天，淵淵其淵。而其與時偕行處，會正是他的無可無不可處。這又是一個境界。在此一境界裏自一任天理的流行。那是所謂天縱之聖。然亦有天縱之才，以其氣機之鼓盪，遂亦能無可無不可，此在漢高祖，便是一例，但當其氣機已了時，便成悲劇，而無可奈何。到此，便反不若執其一端之爲賢。

（十二）

衛公孫朝問於子貢曰：「仲尼焉學？」子貢曰：「文武之道，未墜於地，在人。賢者識其大者，不賢者識其小者。莫不有文武之道焉。夫子焉不學？而亦何常師之有？」（子張篇）

在歷史文化的眞蹟上，識取歷史文化的眞精神。更憑歷史文化的眞精神，激起個人的新覺悟。這便是所謂「夫子焉不學」？在此，隨時隨處都是學，因之隨時隨地都是師，故說「亦何常師之有」？朱注稱：「文武之道，謂文王武王之謨訓功烈，與凡周之禮樂文章皆是也。」這在孔子時，都是歷史文化的眞蹟。由此悟入，須要智慧，更須要性情。

（十三）

叔孫武叔語大夫於朝，曰：「子貢賢於仲尼。」子服景伯以告子貢。子貢曰：「譬之宮牆，賜之牆也及肩，窺見室家之好。夫子之牆數仞，不得其門而入，不見宗廟之美，百官之富，得其門者或寡矣。夫子之云，不亦宜乎？」（子張篇）

這是說賢人易識、聖人難知，而聖人之所以難知，則由於聖人是居於一更高的層次上，不易窺測。

（十四）

叔孫武叔毀仲尼。子貢曰：「無以為也，仲尼不可毀也。他人之賢者，丘陵也，猶可踰也。仲尼，日月也。無得而踰焉。人雖欲自絕，其何傷於日月乎？多見其不知量也。」（子張篇）

這正如先知們，在本地本鄉，本鄉本土，反不被人尊敬。孔子如日月，但不知日月或不見日月者正多，惟日月終不因不知不見或因詆毀而失其光明。故指天罵日者，終是不自知其分量。天生日月，天生仲尼。此中消息，知者自知，昧者自昧。

（十五）

陳子禽謂子貢曰：「子為恭也，仲尼豈賢於子乎？」子貢曰：「君子一言以為知，一言以為不知。言不可不慎也。夫子之不可及也，猶天之不可階而升也。

夫子之得邦家者，所謂立之斯立，道之斯行，綏之斯來，動之斯和，其生也榮，其死也哀。如之何其可及也。」（子張篇）

孔子所過者化，所存者神，故其一得邦家，亦自有其神化之效。陳子禽不知孔子，子貢即以此效示之，以釋其疑。惟言聖人，終不必以效言。此正如言天之不可階而升，亦不必以效言。上天之載，無聲無臭。而聖人於此成性成能，亦終在其獨知之處，而難睹其效。若僅以效言，雖是神化，其跡猶粗。只是聖人之應世，亦終不遺其粗，其跡愈粗，則人愈見。故人謂子貢賢於孔子。而大知小知之不同，亦於此可辨。儀封人一見孔子，即謂「天將以夫子為木鐸」，這就是大知。成聖須是大仁，知聖須是大知。而行聖人之道，則須大勇。在這裏，會儘有其一連串的大性情、大學問和大擔當。其不可及處，就是不可及。固不必待其效已著，方言其不可及。至於孔子之聖，於得邦家，鼓舞群動之外，會儘有其更高更純之境，尤不可不知。子貢之以效言，會只是從聖人的廣度上說。此廣度固不可及，惟觀聖人，終須就其高度與純度上觀，方好為觀止。

第八講　聖學的實踐（上）

（一）

曾子曰：「吾日三省吾身：為人謀而不忠乎？與朋友交而不信乎？傳不習乎？」（學而篇）

這是由實踐上直承聖學，直達聖心，直顯聖德。

朱注稱：盡己之謂忠，以實之謂信；傳謂受之於師，習謂熟之於己。

只此「傳不習乎」之每日一省，便是直承聖學；只此「與朋友交而不信乎」之每日一省，便是直達聖心；只此「爲人謀而不忠乎」之每日一省，便是直顯聖德。

（二）

子曰：「弟子入則孝，出則弟，謹而信，汎愛眾而親仁。行有餘力，則以學

文。」（學而篇）

聖人之學是實踐之學，故道德上的實踐爲先，而文物上的學習爲次。

朱注稱：謹者，行之有常也。信者，言之有實也。汎，廣也，眾謂眾人。親、近也，仁謂仁者，餘力猶言暇日。以，用也，文，謂詩書六藝之文。

這裏的層次是：由入孝到出弟，由行有常到言有實，由廣愛眾人到親近仁者。如有暇日再徵諸詩書六藝之文，於此弟是孝的推廣，言是行的表徵，仁是愛的洗煉，而文則是實踐的一些記錄。仁孝之理澈內澈外，澈上澈下，而仁與孝又畢竟是一理。

（三）

子曰：「君子不重則不威，學則不固。」（學而篇）

這是實踐上的收斂和凝聚。重是厚重，也正是一個人在道德實踐之後，所應有的做人的重量，和內心的沉著與沉重。由此重量與沉重而外發，則爲一個人在外表上應有的嚴整和嚴肅，而自他人觀之，則爲威嚴或即是威。此乃爲一個修行人或君子，在實踐上的收斂和凝聚之所致。到此便是實踐上的堅貞或貞固，否則，一無重量，一不沉下，便輕而浮起，所學又如何能夠堅固？

（四）

子曰：「君子食無求飽，居無求安，敏於事而慎於言，就有道而正焉。可謂好學也已。」（學而篇）

這是實踐上所應有的精誠和謙抑。食無求飽，居無求安，那是外物爲輕。敏於事而慎於言，那是一己爲重。就有道而正焉，那是成己以成物。惟篤志，始能外物爲輕。惟力行，始能一己爲重。惟從善，始能成己以成物。凡此篤志力行，都是一片精誠，而從善如流，則是一番謙抑。

（五）

子曰：「視其所以，觀其所由，察其所安，人焉廋哉？人焉廋哉？」（為政篇）

這是對一個人在實踐上的考核。視其所以，是看他實踐的是什麼？觀其所由，是看他在實踐上所採取的途徑。察其所安，則是看他在實踐上的所得，是否能夠受用。照此考核便什麼都難隱匿，所以說人焉廋哉？

朱注稱：廋，匿也。

（六）

子曰：「溫故而知新，可以為師矣。」（為政篇）

重溫故舊的傳述，那是接上一個傳統。只因接上一個傳統，便可以一切不用從頭作起。而新的線索，亦會由此可知。於此而實踐起來，實實在在做一點東西給人看看，這便可爲人師表。

（七）

子曰：「學而不思則罔，思而不學則殆。」（為政篇）

這是實踐和思維的打成一片，亦即知與行的打拼一處。

朱注稱：不求諸心，故昏而無得。不習其事，故危而不安。

求諸心，是思維。習其事，是實踐。一是知，一是行。由思維而入，由知解而入，若不能周此知以顯此德，而歸諸實踐，見諸行事，便只是頭出頭沒，載浮載沉，既無由得見此道，遂終成一大虛空。從而幻滅，固不僅是危而不安。由實踐而入，由行動而入，若不能識此心以顯此仁，而歸諸性情，澤及生民，便只是不甘枯槁，即動刀兵，既無由確行此道，遂終成一大迷罔。從而作惡，固不僅是昏而無得。

（八）

子曰：「由！誨女，知之乎？知之為知之，不知為不知，是知也。」（為政篇）

在實踐上絕不可以強其所不知以爲知。一個人的實踐，總須要有勇氣。然有勇者，每歸於混沌（Chaos）而突顯其所謂狄恩休士的精神。由此而歸於清明，則必須知之爲知之，不知爲不知。如此實踐，方是清明的實踐，故說「是知也」。

（九）

子張學干祿。子曰：「多聞闕疑，慎言其餘，則寡尤。多聞闕殆，慎行其餘，則寡悔。言寡尤，行寡悔，祿在其中矣！」（為政篇）

這是學之實踐於政治。

朱注稱：多聞見者，學之博；闕疑殆者，擇之精，慎言行者，守之約。

程子亦於此有言曰：修天爵則人爵至。

又言：尤，罪自外至者也。悔，理自內出者也。

干祿是所謂從政，從政亦是一實踐的事。此必須有其清明，始能免其尤悔。而欲有其清明，則必須簡單化，舉凡守之約，擇之精，都是所以簡單化。在政治上，不患不多聞見，亦不患不學之博，然此聞見與夫此政治之學，總須大打折扣，而去其所謂「神話」的成分，始能歸於理性，歸於清明。只要能寡尤悔，方是「祿在其中」，意氣飛揚，終非政治上實踐之道。必修其天爵，修其學，始能有其人爵，有其政。

（十）

子曰：「君子不器。」（為政篇）

一個人的完成，須得多方面的實踐。

朱注稱：「器者各適其用，而不能相通。」

不能相通則非完整，而爲一偏之才，此則非眞正能實踐之人，而難爲成德之士。

（十一）

子貢問君子。子曰：「先行其言，而後從之。」（為政篇）

實踐之士，必須是實踐爲先，實踐有得，始發爲言辭。

（十二）

子曰：「君子周而不比，小人比而不周。」（為政篇）

朱注稱：周爲普遍。那是有原則，那是客觀化，那是把一己推出去，那是公，那是一般性和圓相。朱注稱：比爲偏黨。那是無原則，那是主觀，那是把一己爲標準，那是私，那是偏頗性和陷溺與頹墮之相。

（十三）

子曰：「士志於道，而恥惡衣惡食者，未足與議也。」（里仁篇）

沒有一種應有的精神生活上的實踐，會只是陷溺，只是物化，只是外重內輕，而終須倒下。自是「未足與議」。

（十四）

子曰：「放於利而行，多怨。」（里仁篇）

一依於利，則利害之際，有得必有失，有恩必有怨，漸至怨日積而日多，終成禍亂。故在實踐上，物必不能首出，利必不能首出。物一首出，即是化於物。利一首出，即是一依於利，即是放於利。

（十五）

不患無位，患所以立。不患莫己知，求為可知也。（里仁篇）

程伊川於此有言曰：「君子求其在己者而已矣。」所以立，在己；求爲可知，亦在己。

朱注稱：所以立，謂所以立乎其位者；可知，謂可以見知之實。

實踐之士，自須只著眼於一己之堅強和充實。一堅強即所以立，一充實即爲可知。至於他人對一己之如何位置和如何看法，那完全是另外一回事。

第九講　聖學的實踐（下）

（一）

子曰：「君子喻於義，小人喻於利。」（里仁篇）

眞正實踐之士，總是永續不斷的把一己推擴起來，因而日見其大，日識其大，終於了然於一切都是價值，一切都是意義和一切都儘有其精神性，這便使其人成爲性情中人，這便使其事成爲性情中事，而人間亦從而成爲性情中的人間，世界亦從而成爲性情中的世界，宇宙亦從而成爲性情中的宇宙。到此便是雷雨之動滿盈，而成性存存，至誠無息。凡此皆是一義相。反之就不免繼續不斷的一己緊縮起來，因而日見其小，日識其小，終於昧然於一切價值之所在，昧然於一切意義之所在，和昧然於一切的精神性，這便使其人成爲利慾薰心的人，這便使其事成爲利慾薰心的事。而人間亦從而成爲窒塞的人間，世界又從而成爲混濁的世界，宇宙更從而成爲物化的宇宙。到此便是見其背不見其身，而天地失位，陽氣潛消。凡此皆是一利相。

君子清明故喻於義。小人無明故喻於利。而喻於義者，更日益清明。喻於利者，更日益無明。終至其幾極微，而所關至大。此所以義利之辨，不得不辨。

（二）

子曰：「見賢思齊焉，見不賢而內自省也。」（里仁篇）

此則使無明終歸於清明，而其關鍵則全在此心一念之良。「見賢思齊焉」，此思齊好善之念，即此心一念之良，知此即為良知。見不賢而內自省，此自省惡惡之念，亦即此心一念之良，能此即是良能。由此而知性情之際，一切朗然，固毫無渣滓，毫無陰影。

（三）

子曰：「古者言之不出，恥躬之不逮也。」（里仁篇）

這是一番深沉的實踐，亦正是一番勇猛精進的實踐。惟其深沉，所以言之不出，終歸於沉默。惟其勇猛精進，所以總覺躬行之不逮，身未及行為可恥。由此而益好學，則愈近乎智，由此而益力行，則愈近乎仁，由此而益知恥，則愈近乎勇。

（四）

子曰：「以約失之者，鮮矣。」（里仁篇）

實踐而愈有其精神的強度，則所剝落者愈多而留下的愈少，由此而簡之又簡，約之又約，則守之既固，失之即鮮。

（五）

子曰：「君子欲訥於言，而敏於行。」（里仁篇）

言必實踐，則欲言之際，而口即訥於言，一訥於言，則更思汲汲於實踐，故敏於行。要之此皆穆穆綿綿之意，此皆仁者之心，成性成能，一本於此。

（六）

子曰：「巧言，令色，足恭，左丘明恥之，丘亦恥之。匿怨而友其人，左丘明恥之，丘亦恥之。」（公冶長篇）

此皆為有諸外而不直諸內。不直諸內，則不誠無物，儘是無明，頓成混濁；而徒有諸外，則無非是裝模作樣，或裝腔作勢。其不值一顧，或不值一笑處，自是可恥。人之所以貴乎實踐，莫非是要修直此心以直達天心，直顯天德，這正如《聖經》所謂：曠野裏有人聲嚷著：修直主的路！

在此之際，而猶事巧言，猶事令色，並過於恭，則人之視己與夫天之視己，又成何體統，成何樣相？此實大可思量而不堪設想。

（七）

子曰：「已矣乎！吾未見能見其過而內自訟者也。」（公冶長篇）

在道德的實踐上，總要顯出道德的主體性。此能見其過而內自訟，便是道德的主體性的顯出。到此，便是一切由自己作主，直往直來，脫盡包裹，覿體承當，毫無做作，纔過即覺，纔覺即訟，纔訟即決，纔決即化，朗朗爽爽，停停當當，堂堂巍巍，浩浩蕩蕩，上下與天地同流，橫豎是性情充沛。似此實踐之人，自是不易見到。故有「已矣乎」之嘆！

（八）

哀公問弟子孰為好學？孔子對曰：「有顏回者好學：不遷怒，不貳過。不幸短命死矣！今也則亡。未聞好學者也。」（雍也篇）

這裏好說的好學，會只是聖賢之學的眞正實踐。而聖賢之學的眞正實踐，主要的則在此心的安排和見其情性。不遷怒是此心的安排得當，不貳過是得此性情之正。凡此皆爲好學之事。而惟顏回有之。由顏回之學，頓成性情之教，此在孔門，實爲最純。就此純度上說，孔子於顏回死後，已難再許他人，故曰，未聞好學者也。

朱注稱：遷，移也。貳，復也。怒於甲者不移於乙，過於前者，不復於後，顏子克己之功，至於如此，可謂眞好學矣。

又程伊川云：

顏子之怒在物不在己，故不遷。有不善，未嘗不知，知之未嘗復行，不貳過也。

觀此所言，亦可知顏子之學，實不外乎性情之教。心得其平，性情得其正，從而純亦不已，即是聖境。而怒於甲者不移於乙，過於前者，不復於後，便已在聖境之邊緣。到此邊緣，一方面是一己的完全客觀化，故怒在物，而不在己；一方面是一己的道德主體完全顯現，故有不善，未嘗不知，知之未嘗復行。到此境地，實有其無限的過程，非顏子之好學，焉能辨到？在性情之教裏，好學與否，須從此純度與高度上說，而成聖與否，亦須從此純度與高度上說。

本此以論孔子，則孔子實已在一「純亦不已」處成其純，在一「於穆不已」處成其高，故為至聖。以論顏子，便為好學，只此好學，便是聖徒。

（九）

子曰：「君子博學於文，約之以禮，亦可以弗畔矣夫。」（雍也篇）

君子的實踐有廣度的實踐，亦終須進而有其純度與高度之實踐。博學於文，據朱注是：「學欲其博，故於文無所不考。」而約之以禮，則是歸於性情。文為性情之跡，以之印證性情，故未嘗不可，然陷於跡中，與陷於事中，俱將失其自己，故必須約之以禮，使回歸於性情之正。

程子曰：博學於文，而不約之以禮，必至汗漫。博學矣，又能守禮，而由於規矩，則亦可以不畔道矣！

這守禮而由於規矩，就是扣緊性情，而由性情作主，這是由實踐的廣度，進到實踐的高度和純度，只此始可不離於道，故說「亦可以弗畔矣夫」。

（十）

子曰：「人之生也直，罔之生也，幸而免。」（雍也篇）

實踐總是一直的實踐，生命是一個實踐的過程，因之生命在本質上，也總是直的。由此本質而有其本性本情，舉凡性情之正，會就是性情之直，所以說人之生也直，如此一個人的生命始能有其生之理。

程伊川說：「生理本直。罔，不直也，而亦生者，幸而免耳。」

不直則失其性情之正，而實踐落空，生命成一虛位。此則由喪其生命之本質，並喪其生之理，其幸而存在的一個委委曲曲的生命，便只是一個影子。

（十一）

子曰：「知之者，不如好之者，好之者，不如樂之者。」（雍也篇）

這是一個人的實踐上，由知識進到知慧，由知慧進到性情。在性情之際，眞善美合而爲一，並特著其美，以成其樂。興於詩，立於禮，猶是易說。而成於樂，則最是難言。樂者樂也。由樂而成風，其力無比，此使雷雨之動滿盈，鼓舞一切，故一切不如。

（十二）

子曰：「志於道，據於德，依於仁，游於藝。」（述而篇）

這在一個人的實踐上，只是一件事。志於道是志於性情之道，據於德是據於性情之德，依於仁是依於性情之正，游於藝是游於性情之際。由於志性情之道，便走上了一條性情之路。由於據性情之德，便儘有得於性情之天。由於依於性情之正，此則一轉而成性情之教。

由於游於性情之際，更有所悟於性情之跡，而成性情之樂。

朱注稱：志道則心存於正而不他。據德則道得於心而不失。依仁則德性常用而物欲不行。游藝則小物不遺而動息有養。

存心於正而不他，那是一本於性情。道得於心而不失，那是全歸於性情。德性常用而物欲不行，那是性情之教已行乎其間。小物不遺而動息有養，那無非是性情之樂。

第十講　實踐的智慧（上）

（一）

子曰：「不憤不啟，不悱不發，舉一隅不以三隅反，則不復也。」（述而篇）

這是因其固有之緒而引其緒，因其固有之明而燃其端。這一方面是教育上應有的方法，這一方面也是一個眞正的教育者對其教育對象之知能，在本質上予以應有的肯定和尊崇。

朱注稱：

憤者，心求通而未得之意。悱者，口欲言而未能之意。

必其心有求通之緒，方好引其緒而開啓其心。必其心有本來之明，方好燃其端而引發其辭。否則內心之開啓與辭意之引發，皆須全憑他力，此必無其可能。即或有之，亦是置教育對象的知和能於不顧，而予以抹煞，這便一方面是方法上的不對，一方面又是態度上的欠缺。

程伊川於此有言曰：

憤悱，誠意之見於色辭者也，待其誠至而後告之，既告之，又必待其自得乃復告爾。在四隅之中，舉其一而可知其三，便是自得。若不以三隅反，便是既告之後並無所得，如此再告，便可不必。此對實踐之學實應如此。人之實踐，其最基本的推動力量，總是一己的誠意。誠意未至，他人終是無可如何，外面終是無能為力。

（二）子以四教：「文、行、忠、信。」（述而篇）

耶穌教人不要怕，只要信，由此而特顯其絕對精神，成就其宗教理想。孔子於此，則於教信之外，又復教忠，教行，並以文為教。教忠則納其絕對精神於本心，而肯定倫理道德。教行則見其客觀精神於行事，而肯定國家社會。教文則顯其人文精神於生活，而肯定歷史文化。合此四者而顯諸仁，藏諸用，歸諸性情，便成性情之教。此乃澈上澈下、澈內澈外、澈始澈終之教，故為聖教。

（三）君子坦蕩蕩，小人長戚戚。（述而篇）

舉凡生命有所安頓，內心有所安排，並對性情有所了悟，以使其精神涵蓋一切又超越一切，而歸於無限和永恆者，會都是坦蕩蕩，此皆一本天理之所致。

程伊川云：君子循理，故常舒泰。一舒泰就坦蕩蕩。反之，一不舒泰就局促。一局促，生命就失其安頓，內心就失其均衡，而性情亦失其正。此使其精神萎縮於一切之中，頹墜於一切之下，而歸於空虛和幻滅，所以長戚戚。

程伊川：小人役於物，故多憂戚。役於物，即陷於物內，此正如役於事，即陷於事中，到此便無法不局促起來，而無由舒泰。此皆物慾薰心之所致。理大而物小。君子見其大，故君子坦蕩蕩。小人見其小，故小人長戚戚。

（四）

曾子曰：「可以托六尺之孤，可以寄百里之命，臨大節而不可奪也，君子人與？君子人也。」（泰伯篇）

六尺之孤是人之子，人之子即上帝之子，凡是眞正了解生命的，都會肯定著生命至大，生命至高，生命至重。百里之命，是一使命，既是使命，就如生命。凡是眞正了解使命的都會承認著使命至上，使命至貴，使命至切。生命的眞正了解是大仁，使命的眞正了解是大義，在大仁大義的緊要關頭，便是大節。這自然要把得住，這自然要不可奪。在此把不住，便一切把不住。在此如可奪，便一切可奪。君子之所以能托六尺之孤，寄百里之命，臨大節而不可奪，會都是基於這些認識。君子是人嗎？正因爲君子是人，所以才有這些認識。

（五）

曾子曰：「士不可以不弘毅，任重而道遠。仁以為己任，不亦重乎？死而後已，不亦遠乎？」（泰伯篇）

把一切的生命擔負起來，只是心不容已。把一切的使命完成起來，只有死而後已。由前而言，其任重無比。由後而言，其道遠驚人。此以仁爲己任，以死爲了期，一方面是一己生命的無限的開張，一方面是一己生命的無比的堅決。亦惟有一己生命的無限的開張，始能勝任此生命的重任。亦惟有一己生命的無比的堅決，始能走完這生命的驚人的遠道。

朱注云：弘，寬廣也，毅，強忍也，非弘不能勝其重，非毅不能致其遠。實踐之士，在生命上總要寬廣，總要開張，總要弘。對使命言，總要強忍，總要堅決，總要毅。弘則仁以爲己任，毅則死而後已。必如此，始能有其一個人的完成。

（六）

子曰：「篤信好學，守死善道，危邦不入，亂邦不居，天下有道則見，無道則隱。邦有道，貧且賤焉，恥也。邦無道，富且貴焉，恥也。」（泰伯篇）

說不要怕，只要信（耶穌語），便是篤信。只是心性之際，而無心性之學以濟之，並從而好之，則精神一直飛昇，終不免捨離一切，而顯得過於決絕，僅有其上面之一截，即所謂只有上達。必須下學而上達，方是徹上徹下，故必好學，方是圓滿的實踐，方是「必有事焉」。若只是篤信，便是無事。無事之實踐，終不足以言家國天下。於此，朱注稱：「篤，厚而力也，不篤信，則不能好學，然篤信而不好學，則所信或非其正。」

智周萬物而德顯一心，此是一條路。德顯一心而智周萬物，此又是一條路。由前之路，則山環水繞，百折千迴，而且山外有山，水外有水，終至山不是山，水不是水，陷於迷罔，此則必須有一種精神上的突變和飛騰，方是萬水依然，千山宛在。由此而有得，方是德顯一心。由後之路，直顯其德，自然直截得多，然此中艱苦，亦絕無便宜，若貪便宜，便是光景。於此，不篤信則不能好學，不能好學，則有山處無水，有水處無山，不是乾枯，就是滔滔，自然談不上智周萬物。陷於乾枯，是捨離一切以為信，而歸於滔滔，正是所信或非所正。而以言篤信，那便是有死而已，以言好學，那只有死而後已。這都是守死之事。

朱注云：「不守死，則不能善其道。」

所謂「善其道」，不是智周萬物而德顯一心，便是德顯一心而智周萬物，這正是一圓相。在此一圓相中，「危邦不入，亂邦不居」，便不是不能見危授命，而只是為邦家存一番希望。在此一圓相中。「天下有道則見，無道則隱」，更不是所謂「深則厲，淺則揭」，而只是為天下留一線生機。

在此一圓相中，「邦有道，貧且賤焉，恥也」。那也不是恥於貧賤。那只是由於春到人間，而己獨枯槁，深恐自己犯了毛病。在此一圓相中，「邦無道，富且貴焉，恥也」。那也不是恥於富貴。那只是由於陽氣潛消而己獨崢嶸，自然一己失了常態。

（七）

子曰：「狂而不直，侗而不愿，悾悾而不信，吾不知之矣。」（泰伯篇）

此正所謂性情之災，眞是不好說，不忍言，故曰：「吾不知之矣。」盈天地之間，何處不可見性情？何人不可見性情？狂可以見性情，侗可以見性情，悾悾亦未嘗不可以見性情。所以狂無害，侗而無知，亦無害，悾悾而無能亦無害。這只是天之生才不齊，不齊何害？只是狂而不直，即懷無窮的殺機。侗而不愿，無知而不謹厚，即成無比的黑暗。悾悾而不信，無能而又無所信，即墮無底的深淵。在深淵裏無由見性情，在黑暗裏無由見性情，在殺機裏無由見性情，而其所至，必成性情之災，爲禍天下，以至後世。

（八）

子曰：「吾未見好德如好色者也。」（子罕篇）

美感的判斷，常是最後的判斷。然是非的判斷，或價值的判斷或善的判斷，又終是最高的判斷。此最後的判斷，如能成最高的判斷，或此最高的判斷，終成最後的判斷，這便是好德如好色，這是一個誠，這是一個樂。這是最高判斷與最後判斷的一個絕大的綜合，至不易見，故曰「吾未見」。

（九）

子曰：「譬如為山，未成一簣，止，吾止也。譬如平地，雖覆一簣，進，吾往也。」（子罕篇）

一個人的實踐的智慧，實由此出。實踐必須自我作主，必須有其道德的主體的顯出，亦必須眞正從而爲此眞己，爲此眞主。爲山九仞，功虧一簣，即是失其己，失其主。而其止，終是自止，故曰「未成一簣，止，吾止也」。平地之功，日積月累，中有所主者，勇猛精進，自強不息，日復一日，年復一年，亦正如此。其既覆一簣，又覆一簣，不斷實踐，皆主爲之。即所謂心不容已。主是自主，心是自心，進是自進，故曰：「雖覆一簣，進，吾往也。」這是心之明，這是實踐的智慧，這亦是主的智慧。

（十）

子曰：「苗而不秀者有矣夫！秀而不實者有矣夫！」（子罕篇）

這是在實踐的智慧上之一種象徵的語言。這正如耶穌說：

「有一個撒種的出來撒種，撒的時候，有落在路旁的，飛鳥來吃盡了，有落在淺土石頭上的，土既不深，發苗最快，日頭出來一晒，因爲沒有根，就枯乾了。有落在荊棘裏的，荊棘長起來，把他擠住了。又有落在好土裏的，就結實，有一百倍的，有六十倍的，有三十倍的。有耳可聽的，就應當聽。」（《馬太福音．第十三章》）

不過在這裏，苗而不秀和秀而不實的差別相，有關苗之本身，又不關苗之本身。於此之際，若知之，若不知之，若著力，若不著力，便是在實踐的智慧上之又一境。

（十一）

子曰：「三軍可奪帥也，匹夫不可奪志也。」（子罕篇）

志為心之所之。此心直往直來，直上直下，直達天心，直顯天德，其本質就是自由，其相就是上帝。既是上帝，就是主腦。既是自由，就不可奪。志如可奪，即非眞志。三軍主帥有其限，而匹夫眞志則無限，故其可奪與不可奪，一見即知！

（十二）

子曰：「歲寒，然後知松柏之後凋也。」（子罕篇）

這亦是在實踐的智慧上之一極好的象徵的說話。於此，雪地青松，冰天綠柏，是眞亦是善，是善亦是美，是美又是眞，是眞又是善，一顯一齊顯，這便是神蹟！耶穌罵當時的文士和法利賽人說：一個邪惡淫亂的時代，求看神蹟，除了先知約拿的神蹟以外，再沒有神蹟給他們看（《馬太福音・第十二章》）。約拿在大魚腹中過了三天三夜，而松柏在冰天雪地裏的歲寒時節卻過了三冬。在實踐中，會儘有神蹟，而在愈是艱苦和顛沛流離中的實踐，會更有神蹟。

（十三）

樊遲從遊於舞雩之下，曰：「敢問崇德，修慝，辨惑。」子曰：「善哉問！先事後得，非崇德與？攻其惡，無攻人之惡，非修慝與？一朝之忿，忘其身，以及其親，非惑與？」（顏淵篇）

實踐的智慧，就是自己為自己立法的智慧，就是自己不放鬆自己的智慧。先事後得，是一個人在功利上不放鬆自己。此一放鬆，精神即陷落在功利的泥淖中，而無由提起。纔提起，即是天理，即是天德，故曰「非崇德與」？「攻其惡，無攻人之惡」，是一個人在意見上不放鬆自己。此一放鬆，精神即蒙上一層其厚無比的陰影，而無由出頭。纔出頭，即是開朗，即是光明，故曰「非修慝與」？「一朝之忿，忘其身，以及其親」，是一個人在好惡上不去放鬆自己。此一放鬆，精神即歸痲木而全是無明，在無明之忿中，不見其身，亦不見其親，此之謂理性全失，故曰「非惑與」？惟纔識其惑，即非無明，纔非無明，即是理性。在理性的清明中，重見其身，再見其親，便是復其見天地之心而不惑。

程明道云：人之情，惟怒爲甚，第能於怒時遽忘其怒，而觀理之是非，則於道亦可思過半矣。

故去一朝之忿，終存萬古之心，辨惑最難，而辨惑亦最重要。

（十四）

葉公語孔子曰：「吾黨有直躬者，其父攘羊，而子證之。」孔子曰：「吾黨之直者，異於是：父為子隱，子為父隱，直在其中矣！」（子路篇）

凡得性情之正，即成性情之直。性情之際，原本有無窮的委屈，惟致其曲，曲能有誠，不失性情之正，即不失性情之直。其父攘羊而子證之，既悖於天理，自乖於性情。離性情以言直，乃是直其內心之冷，而非直其生命之溫。似此之直，正是一大坎落，一大歪曲，由此而潛藏無窮殺氣，便滅卻一切生機。到這裏，性情之災，即成生民之禍，直是可怕。此所以葉公之黨，盡是狗黨。

（十五）

子貢問曰：「何如斯可謂之士矣？」子曰：「行己有恥，使於四方，不辱君命，可謂士矣。」曰：「敢問其次。」曰：「宗族稱孝焉，鄉黨稱弟焉。」曰：「敢問其次。」曰：「言必信，行必果，硜硜然，小人哉？抑亦可以為次矣。」曰：「今之從政者何如？」子曰：「噫！斗筲之人，何足算也？」（子路篇）

人最怕無恥。人一無恥，便是整個性情消失。整個性情消失，便是整個心腸硬化，整個心腸硬化，便是整個生命乾枯。整個生命乾枯，則一切都成一浮面，一切都成外在化，一切都成虛假。到此，便是所謂「斗筲之人，何足算也？」只無恥之甚，便鄙細不堪。只鄙細不堪，便爲害極大。此在耶穌則寧愛仇敵而獨恨文士，並明對門徒說道：「你們要謹慎，防備法利賽人和撒都該人的酵。」

這些文士，就是那些法利賽人。這酵，就是無恥。士而無恥，又焉能成士？惟一有恥，即歸於實踐。一歸於實踐，即能有所擔當，從而去其虛假，剔除其浮面而內轉，生命因而漸獲其滋潤，心腸因而漸復其本來，性情因而漸得其原委。如此「行己有恥」，漸至「使於四方」，亦可以擔當一個使命而「不辱君命」，這就頓成了一個眞正的士了。故曰：「可謂士矣。」

士分三等，像以上所說的能有擔當而可克盡其一種使命的，那就算是第一等。

其次則爲能對自己負責，但其實踐之所及，僅能及於其最有關係之人物和最有關聯之處所，以使「宗族稱孝，鄉黨稱弟」。只是如此一來，不知不覺之中，已使其性情，使其心腸，使其生命，一齊打了折扣，故爲其次。

再次便是雖亦能對自己負責，但其實踐之所及，更縮之又縮，小之又小，以致局促不堪。其所自以爲足以自許的「言必信，行必果」，實並未經過一己的自覺的立法，而只是依照一個影子或光景，針對自己，劃地爲牢，或拖下自己，背上一個甲殼，只是自封，只是自了，以致只是生硬。這使其性情，使其心腸，使其生命，一齊萎縮，故曰：「硜硜然，小人哉。」人最怕無恥，其次就是怕小。一小就百事難言，無可爲力。人的小與無恥，常是相連，故又次一等。

第十一講　實踐的智慧（下）

（一）

子曰：「不得中行而與之，必也狂狷乎？狂者進取，狷者有所不為也。」（子路篇）

中行是中道，是到性情的恰好處，是得性情之正。狂者於此，是過了一點；而狷者於此，則是有所不及。這在實踐的理性上，終是於清明有虧欠。然狂者進取，勇於實踐，亦正可見其性情。

朱注稱：「狂者，志極高，而行不掩。」其志極高，那是實踐理性上的向上一機，其行不掩，則正是見性情，若有所掩，便不見性情，便是狂而不直，便不是狂者。只此不掩，心便直。心一直，生命便開朗，故見性情。狷者有所不爲，謹於實踐，那是儘有其性情。

朱注稱：「狷者，知未及而守有餘。」

其守有餘，正表明是性情作主，若其知之未及，則只是在實踐上，猶一時未能有若何心靈上的開啓。但實踐之誠，終能生明。故狂見性情，狷者亦見性情，凡能見性情，即終可見天心而達天德，在天道流行之下，終可歸於中道，在天理流行之中，終可歸於中行，而到達性情的恰好處，以得性情之正，而成性成能，走上聖人之路，作爲聖人之徒。故曰：「不得中行而與之，必也狂狷乎？」

（二）

子曰：「其言之不怍，則為之也難。」（憲問篇）

其言之不怍，只是性情之乖張。性情之乖張，只是生命之偏邪。生命之偏邪，只是心靈的閉塞。凡此皆不足以言道德上之實踐，因其實踐理性，終不能爲其作主，其後已無推動之力。

朱注云：「大言不慚則無必爲之志，而不自度其能否矣。」

言之不怍，即是大言不慚，不慚就是無恥，無恥就是無志，無志就是無主，無主即歸無力，無力即不能成實踐。故曰「爲之也難」。凡無心肝而只有血氣之人，大都會是言之不作。故仁者其言也訒，而爲政則不在多言。

（三）

子曰：「古之學者為己，今之學者為人。」（憲問篇）

爲己是爲求一己之清明，是理性內用，是性情自足。爲人是爲求他人之燭照，是心智外求，是性情虧損。爲己則有其純，而爲人則成其雜。因此古之學者，只是簡單化，今之學者只是龐雜。以此而卜世運，則昔有其常，而今成其變。

程伊川曰：「古之學者爲己，其終至於成物，今之學者爲人，其終至於喪己。」朱子更於此按道：「聖賢論學者用心得失之際，其說多矣。然未有如此言之切而要者。」

此則因理性內用最切實，而性情自足則最重要。由理性內用，則由一己內心之安排，即進而有家國天下之安排。由性情自足，則由一己生命之安頓，即進而有世界一切的安頓。故曰「其終至於成物」。在此成物，即是成就一個和暖的人間和一個清平的世界。反之，心智外求，則「拋卻自家無盡藏，沿門托鉢效貧兒」（陽明詩句），所求愈多，而所失愈大。性情虧損，則由於外面的五光十色，終至於一己的盲爽發狂。此今日之世相，正如耶穌所說：「賺得全世界，賠上自己的生命。」故曰「其終至於喪己」。到此，便只有歸諸性情，才能挽救自己，只有歸諸性情，才能成就自己。而爲己之學，實即性情之教。

（四）

或曰：「以德報怨，何如？」子曰：「何以報德？以直報怨，以德報德。」

（憲問篇）

「直」是性情之直。性情之直，是性情之發。性情之發，是性情之悲。所謂「內恕孔悲」，就是這性情之悲。所謂「以直報怨」，就是直以此悲情報怨。必如此，方不是以眼還眼，以牙還牙。新約載耶穌之言曰：

「你們聽見有話說：以眼還眼，以牙還牙，只是我告訴你們：不要與惡人作對。有人打你的右臉，連左臉也轉過去由他打，有人想要告你，要拿你的裏衣，連外衣也由他拿去，有人強迫你走一里路，你就同他走二里。有求你的，就給他，有向你借貸的，不可推辭。」

（《馬太福音・第五章》）

像這些話，正是以直報怨，因爲這裏儘有其性情之悲。「不要和惡人作對」，那是內恕。「連左臉也由他打」，那是孔悲，由此內恕，便消解了一切的對立。由此孔悲，更去除了一切的糾纏。而所謂直，則正是這「無對立，無糾纏」而朗爽、光明、坦蕩、眞切之相。

耶穌又說：

「你們聽見有話說，當愛你的鄰舍，恨你的仇敵。只是我告訴你們：要愛你的仇敵。」（同上）

這「愛你的鄰舍」是以德報德。可是這「愛你的仇敵」，卻正是以直報怨。這兩者之愛，雖然都是愛，但前者的愛是德意，而後者的愛則是悲情。若以德意愛仇敵，則第一，敵本無德於我，第二，報之以德，必匿其怨。於此，無德而報以德是委曲，匿怨是不直，舉凡心腸不直，生命委曲，會都不是性情之正，因此，耶穌在另一個地方也就說道：「不可拏兒女的餅，丟給狗吃。」

但當那婦人說：「主啊，不錯，但是狗也吃他主人桌子上掉下來的碎渣」。（同見《馬太福音・第十五章》）

耶穌終於又成全了她。這也正是以直報怨。凡是性情的，都是直。必須性情之直，始眞成性情之厚。

朱子注稱：「或人之言，可謂厚矣。然以聖人之言觀之，則見其出於有意之私，而怨德之報，各不得其平，然怨有不讐，而德無不報，則又未嘗不厚也。」

這「有意之私」，也正是不直，不直就是不厚。既是不厚，何以報德？

（五）

子路問君子。子曰：「修己以敬。」曰：「如斯而已乎？」曰：「修己以安人。」曰：「如是而已乎？」曰：「修己以安百姓。修己以安百姓，堯舜其猶病諸。」（憲問篇）

敬只是性情的沉著，性情的沉著，是理性的內用。理性的內用，是心靈的上達。心靈的上達，是生命的歸根。由一己生命之歸根，及於他人之生命的安頓，便是修己以安人。由此更推廣而及於百姓，便是篤恭而天下平，修己以安百姓。從另一意義上說，修己以敬，便清明在躬。清明在躬，便光被四表，人我俱在光明燭照之中，而明明德於天下。明德即以清明驅其無明，而化無明歸於清明之德。心敬則生命之光，集中於一點，由此而誠，由誠而明，便是澈內澈外、澈上澈下，莫非是道路，莫非是通達。這便使天下有道而世界清平。在此之際，天地變化，草木繁昌。惟一草一木，皆得其所，終是難言，以此無一人一物不得其所，亦是難說，所以說：修己以安百姓，堯舜其猶病諸。這是一個人的完成，終有其應有的限定，如真知其一個人所應有的限定，又從而在性情上加以收斂和凝聚，這便又是性情的沉著，這便又是修己以敬。到此，就是無不敬而儼若思，始可以言天命，始可以言事天饗帝，充其絕對精神。故程伊川於此有言曰：

「君子修己以安百姓，篤恭而天下平，惟上下一於恭敬，則天地自位，萬物自育，氣無不和，而四靈畢至矣。此體信達順之道，聰明睿知，皆由是出，以此事天饗帝。」

（六）

子張問行，子曰：「言忠信，行篤敬，雖蠻貊之邦，行矣。言不忠信，行不敬篤，雖州里行乎哉？立則見其參於前也，在輿則見其倚於衡也，夫然後行。」子張書諸紳。（衛靈公篇）

言忠信，是將一己的真實的存在，使對方得以瞭解；行篤敬，是對對方的真實的存在，從內心加以尊崇。由此而人與人之間，始能交往，亦由此，萬物並育而不相害，道並行而不相悖，所以是「雖蠻貊之邦，行矣」。

言不忠信，則連一己的眞實的存在，都使他人無從捉摸，這其實是抹煞自己。行不篤敬，則連他人的眞實的存在，都使自己無由接觸，這簡直是抹煞人家。到此人我一齊橫被抹煞，人與人之交往，即不成立，而寸步難行。故曰「雖州里行乎哉」？惟其不行，所以常在外表上，裝作一種言忠信、行篤敬的樣子，以作僞而求其行，然因此而心愈勞而形愈絀，性情日虧終至窒塞。故欲求行，只能反求諸己。朱子曰：「子張意在得行於外，故夫子反於身而言之。」凡屬道德的實踐，其實踐的對象，總是在自己。此之謂「理性內用」，或心光反照。由理性內用，則一站起，即知忠信篤敬之意，參於眼前，故曰：「立則見其參於前也。」心光反照，則雖在輿，亦見忠信篤敬之儀，倚於車軛，故曰：「在輿則見其倚於衡也。」如此坐立之時，莫不是忠信篤敬，則行之時，便亦自然是四通八達，故曰：「夫然後行。」程伊川於此云：

「只此是學，質美者，明得盡，渣滓便渾化，卻與天地同體。」

這無異是說，只如此實踐，則可澈底明瞭一己之眞實的存在，從而肯定他人之眞實的存在，並從而肯定一切的眞實的存在。既與一切都是在眞實的存在中，這便與天地同體。

（七）

子曰：「志士仁人，無求生以害仁，有殺身以成仁。」（衛靈公篇）

此皆由於在性情之際，只如此始安，不如此即不安，這最後的抉擇是一個最善的抉擇，也是一個最眞的抉擇，又是一個最美的抉擇。就最善的抉擇而言，那是成就一個仁，而就最眞的抉擇而言，則是成就一個是，再就最美的抉擇而言，則又只是求得一個安。程伊川說：

「有殺身以成仁者，只是成就一個是而已。」

惟不求生以害仁，則正是因爲如此求生則不安。故必成仁，從而成就一個是，始能求得一個安。這便是最美的抉擇。亦即性情的抉擇。

第十二講　智慧與性情中的語言

（一）

子曰：「躬自厚而薄責於人，則遠怨矣。」（衛靈公篇）

這是因為在性情之際，責己乃理所應然，而責人則有所不敢，就是上帝，不到世界末日，也不輕易審判世人。只有清明在躬的人，才明於責己。明於責己，才能厚於責己。無明之人，一反乎是，而明於責人，暗於責己，故對人遂苛，而招人怨。這眞是所謂：

「為什麼看見你弟兄眼中有刺，卻不想自己眼中有梁木呢？你自己眼中有梁木，怎能對你弟兄說：容我去掉你眼中的刺呢？」（語見《馬太福音・第七章》）。

只不過，你即使眼中無梁木，你對「四海之內，皆兄弟」之人的眼中之刺，仍須得「內恕孔悲」而予以默化，不好像外科醫生一樣，動不動就要開刀施手術，否則，你就糊塗了。

（二）

子曰：「不曰如之何，如之何者，吾末如之何也已矣。」（衛靈公篇）

一個人總是在「如之何，如之何」裏成性成能，自強不息，否則，他人總是無可爲力。

（三）

子曰：「君子求諸己，小人求諸人。」（衛靈公篇）

求諸己是自足於己，由此而心安理得，亦由此而天清地寧。求諸人是求足於人，由此而外重內輕，亦由此而天翻地覆。

（四）

子曰：「君子矜而不爭，群而不黨。」（衛靈公篇）

矜則求所以勝己，而爭則求所以勝人。群則求所以和人，而黨則求所以附己。此中自有公私義利之存心各別。朱注稱：

「莊以持己曰矜，然無乖戾之心，故不爭。和以處眾曰群，然無阿比之意，故不黨。」

乖戾之心，乃私利之心；阿比之意，乃私利之意。惟義故不爭，惟公故不黨。

（五）

子貢曰：「有一言而可以終身行之者乎？」子曰：「其恕乎！己所不欲，勿施於人。」（衛靈公篇）

這是肯定自己，又肯定人家，其間儘有一大平等相，其間亦儘有一大自由相。由此而心胸開朗，亦由此而天地開闊。故終身可行者，萬世亦可行之。

（六）

子曰：「人能宏道，非道宏人。」（衛靈公篇）

性情中人，能宏性情之道，而性情之道，則全歸性情中人。

（七）

子曰：「過而不改，是謂過矣。」（衛靈公篇）

人不能自居於聖人之徒，而只能立志爲一聖人之徒。此乃一無限的過程，因此，改過便成一永續不斷的功夫。只有這一功夫間斷了，方是眞過。

（八）

子曰：「吾嘗終日不食，終夜不寢，以思，無益，不如學也。」（衛靈公篇）

這是實踐之理，終歸於實踐之中，只有虛心地學，方是眞正的實踐的智慧。

（九）

子曰：「當仁不讓於師。」（衛靈公篇）

一個人在道德的主體之顯現上，總是首出庶物的，由此而人同於天，心同於道，獨往獨來，自無所讓。

（十）

孔子曰：「君子有三戒，少之時，血氣未定，戒之在色。及其壯也，血氣方剛，戒之在鬥。及其老也，血氣既衰，戒之在得。」（季氏篇）

此皆以理生氣之道。從血氣上說，總是由少而壯，由壯而老。少則未定，壯則方剛，老則既衰。未定而定之以理，其應戒慎者，自是色。方剛而運之以理，其應戒慎者，自是鬥。既衰而養之以理，其應戒慎者，自是得。色與鬥與得，都是讓一己陷入一個對象之中，若於此而不能自制，即是自毀。不欲自毀，必須由此而顯其精神性，方能氣志如神，而不必服從此一血氣之定律，以獲自全，成其一己。朱注稱：

「血氣，形之所待以生者。血陰而氣陽也。得，貪得也，隨時知戒，以理勝之，則不爲血氣所使也。」

人之好色、好鬥與貪得，皆是血氣所使，這都是所謂物交物。好色是血氣未定而求定於物，但如此適足以耗之。好鬥是血氣方剛而求伸於物，但如此適足以折之。貪得是血氣既衰而求補於物，但如此適足以竭之。故一服從血氣之定律，便必然是所謂「成、住、壞、空」，歸於幻滅。然幻滅處，終有不幻不滅者在，此即是理。故定之以理，則戒好色之念；運之以理，則戒好鬥之心；養之以理，則戒貪得之意。由此以理生氣，便是天行健，君子以自強不息，而為成德之道。故德者得也。惟成德，方是真得。

（十一）

孔子曰：「君子有三畏：畏天命，畏大人，畏聖人之言。小人不知天命而不畏也。狎大人，侮聖人之言。」（季氏篇）

只畏天命，就是對一個悠久而永恒的世界之肯定。只畏大人，就是對一個人格的價值的世界之肯定。只畏聖人之言，就是對一個人文的精神的世界之肯定。由於肯定了一個悠久而永恆的世界，便真正見出了人類所應有的最高智慧。由於肯定了一個人格的價值世界，便真正接觸了人類所能有的最深厚的性情。而由於肯定了一個人文的精神的世界，便真正接上了人類所特有的、一個最高最深而又最大的智慧與性情的傳統。當耶穌受魔鬼的試探，要他把石頭變成食物時，耶穌回答道：

經上記著說：人活著，不是單靠食物，乃是靠神口裏所出的一切話。（語見《馬太福音・第四章》）

一個人由神口裏所出的一切話，可以接觸著一個絕對精神。但由畏天命，畏大人，畏聖人之言中所開啓出的智慧和性情，及其所承接的一個不朽的智慧與性情的傳統，更儘有其崇高無比的精神上的超越。在那裏，一個人，儘可以眞正的不「軀殼起念」。在那裏，一個人，儘可以眞正地「靦體承當」。要知，只有在畏天命裏，一個人才可以眞正的不會玩弄光景；要知，只有在畏大人之一念裏，一個人才可以眞正的不會氣魄承當。而對聖人之言，有所敬畏，則更可以使一個人眞正的不再播弄精魂。由此而光景拆除，亦由此而氣魄收歛。更由此而精魂得其所養，便是安住於本體。在這裏，澈上澈下，澈內澈外，澈往澈來，澈前澈後，只此三畏，便成天成地，成古成今。

小人不知天命而不畏，在精神上，便成一種純自然狀態。其狎大人，則是在觀念上的一種絕對平面化。而侮聖人之言，則正表示其活著，單靠食物，對任何事物，已不復能見出「意義」。像這樣一個人的存在，會只是一個純自然的存在，會只是一個純平面的存在，會只是一個純物質的存在。就一個人的應有的意義而言，那實在是等於不存在。其小可知，朱注稱：

「侮、戲玩也，不知天命，故不識義理，而無所忌憚如此。」

而其所以不知天命，則正因其只是一個純自然、純平面和純物質的存在。純自然的存在，不會有智慧。純平面的存在，不會有性情。而純物質的存在，則簡直不會有生命。沒有了生命，所以也就沒有了忌憚，沒有了以上所說的三畏了。

（十二）

孔子曰：「生而知之者，上也。學而知之者，次也。困而學之，又其次也。困而不學，斯為下矣。」（季氏篇）

生而知之，是道心的直接顯現。學而知之，是道心的經實踐而明。困而學之，是致其認識心之極，以求通於道心。困而不學，則自限於認識心，而困以終古。生而知之，是性情作主。學而知之，是智慧行事。困而學之，是生命求伸。困而不學，是心靈萎縮，故其等次不同。

（十三）

孔子曰：「君子有九思，視思明，聽思聰，色思溫，貌思恭，言思忠，事思敬，疑思問，忿思難，見得思義。」（季氏篇）

視思明，聽思聰，是成性。由此而色思溫，貌思恭，言思忠，事思敬，疑思問，忿思難，見得思義，是成能，聖人成能，成能即所以成性。故九思正所以去其無明，而歸其清明。若在性情之際，其道自是光明。程伊川曰：

「九思各專其一。」

惟專其一，即通其餘。其道光明，故其道通達。其道通達，故其道從容。人由九思，而從容中道，此一過程，眞無限量。

（十四）

孔子曰：「見善如不及，見不善如探湯，吾見其人矣，吾聞其語矣。隱居以求其志，行義以達其道，吾聞其語矣，未見其人也。」（季氏篇）

一個人由其自然生命的強度，沖淡之後，更一轉進，而有其強度的道德感時，便自然會見善如不及，見不善如探湯。似此道德生命之凸顯，與由此道德生命凸顯而來之語，自不難見，亦不難聞。惟由此再一轉進，而又放平，讓生命只是生命，性情只是性情，而清明在躬，智光貫頂，在隱居之際既心安而理得，亦天清而地寧，在行義之時，既所過者俱化，亦所存者自神。由前而言，那只是求其志，求其生命之本然。由後而言，那只是達其道，達其性情之原委。如此人我之際，天人之際，是一氣之流行，亦是一善之流行；是一善之流行，亦是一理之流行；由流行而成大化，由大化而成至美，又由至美而成極樂。像這樣的話，可以聞得到。像這樣的人，除孔子本人之外，確實是未見其人。

（十五）

子曰：「由也，女聞六言六蔽矣乎？」對曰：「未也。」居，吾語女：「好仁不好學，其蔽也愚；好知不好學，其蔽也蕩；好信不好學，其蔽也賊；好直不好學，其蔽也絞；好勇不好學，其蔽也亂；好剛不好學，其蔽也狂。」（陽貨篇）

此學是義理之學，是心性之學，亦即性情之教。好仁不好學，則質而不化，故愚。好知不好學，則茫無所歸，故蕩。好信不好學，則有時不免認賊作父。好直不好學，則有時難免絞殺一切。好勇不好學，乃戰亂之所由作。好剛不好學，乃瘋狂之所由成。好剛好勇，會都是表明生命的極度堅強。但剛而未能獲其生命上應有之澤潤，勇而未能獲其生命上應有之安頓，則由枯槁而瘋狂，由要求刺激而掀起戰亂，皆爲勢所必至。好直好信，會都是表明生命的極度精進。但直而未能獲其生命上必要的周詳，信而未能獲其生命上必要的舒展，則由折裂而流於絞狠，由乖戾而流於賊，亦皆爲勢所必至。到此，一好義理之學，即可使其生命歸於舒展，而免於乖戾，歸於周詳，而免於折裂。到此，一好心性之學，即可使其生命獲其安頓，而免於刺激；有其澤潤，而免於枯槁。至由好知不好學而顯現出來的相當於阿婆羅（太陽神）的精神，則一歸於性情之教，即可具備其另一風姿。至由好仁不好學而顯現出來的相當於狄恩修士（酒神）的精神，則一歸於性情之教，即可生出其新的氣象。這風姿在生命上是一種異彩。這氣象在生命上是一大光輝。由此而言，則性情之教，正是生命之學。好仁、好知、好信、好直、好勇、好剛，是生命的本質，一失其學，則歸於無明。愚、蕩、賊、絞、亂、狂、六者，都只是生命的無明。

（十六）

子曰：「鄉原，德之賊也。」（陽貨篇）

朱注稱：

「鄉原，鄉人之愿者也。蓋其同流合污以媚於世，故在鄉人之中，獨以愿稱。」

在鄉原那裏，你看不到眞正的生命。在鄉原那裏，你看不到眞正的性情。在鄉原那裏，你看到的只是一個生命的虛影。在鄉原那裏，你看到的只是一個性情的外殼。沒有生命，所以就同乎流俗。沒有性情，所以就合乎污世。一切在他那裏，失去了內容；所以一切在他那裏，就只好求其貌似。因之似德非德，終至亂德。故曰「德之賊也」。

第十三講　孔門教義的中心——仁（上）

（一）

有子曰：「其為人也孝弟，而好犯上者，鮮矣。不好犯上而好作亂者，未之有也。君子務本，本立而道生。孝弟也者，其為仁之本與？」（學而篇）

朱注稱：「爲仁，猶曰行仁。」

程伊川曰：「孝弟是仁之一事，謂之行仁之本則可，謂是仁之本則不可。」

要知：此心朗然，此心亦復惻然。在此心朗然處，見天即所以見性。在此心惻然處，著地即所以生情。由此性天與情地，便成性情的天地。而由此性情的天地，再到性情的人間，便有人與人之間的性情的交往和性情中事。孝弟就是性情中事。由性情中事而自覺爲一性情中人，則上下左右，莫不是關切、莫不是親和，其一己之存在，即同於一切之存在，而一切之存在，亦同於其一己之存在。孝弟由此推擴起來，便一切都在孝中，一切都在弟內。而一己在下，對上則益孝，一己在中，對左對右，則益弟。這自然不會犯上，也自然不會作亂。然此不犯不亂，要皆此心朗然惻然之所致。此即是性情，此即是本。性情之本一立，性情之道即生。而性情之道，即是仁道。

朱注稱：「君子凡事專用力於根本，根本既立，則其道自生。若上文所謂孝弟，乃是爲仁之本，學者務此，則仁道自此而生也。」

仁道生而性情正，性情正而天地位。萬物即因之而育。在這裏，孝弟之心，亦正通乎天地之心，而獲乎萬物之情，故孝弟是爲仁之本。

（二）

子曰：「巧言令色，鮮矣仁。」（學而篇）

這對仁，實是一個最高最深而又最好的體驗。此心朗然，焉用巧言？此心惻然，豈可令色？言巧則意終有所未誠。色令則心終有所未足。心未足而意未誠，則所謂朗然惻然之處，即終歸有所欠缺。在此等處，一有欠缺，即難言仁，故曰「鮮矣仁」。到這裏，所謂「修辭立其誠，忠信所以進德」，便讓道之浩浩，確乎有其下手之處。由色之不令而剛毅。由言之不巧而木訥。剛毅只是忠信著，木訥只是誠有餘。忠信著於色，而成氣象。誠有餘於言，而成神彩。這便是所過則化，所存則神。而遠非辭色之所能到。故知巧言令色之鮮矣仁，則當下就是功夫，當下就是仁體。

（三）

子曰：「不仁者，不可以久處約，不可以長處樂。仁者安仁，知者利仁。」（里仁篇）

只有有其精神的強度的人，才可以讓其一己的生活，永續不斷地簡單化。亦只有有其精神的強度而能簡單化的人，才可以長此生活於繁華繁複之中而不累其心之樂。在物質的貧乏裏，凸現其精神性，這是此心惻然。在物質的泛濫中，保持其精神性，這是此心朗然。必須此心惻然有所爲，方能久處約，而不致枯槁。必須此心朗然有所見，方能長處樂，而不致陷溺。朗然有所見以成其性，惻然有所爲以成其能。仁者成其性，亦成其能，安於久約，亦安於長樂，故安其仁。知者有知於此，利於久約以收歛其生機，利於長樂，以豐饒其生命。而從一大生機和一大生命上說，此亦是仁。故利於仁。不仁者，無其精神的強度，既不能於生活的簡單化裏，凸顯其精神性，亦不克於生活在繁華與繁複中，保持其精神性，而只是此心昏然，此心塊然。久處約則枯槁，長處樂則陷溺。枯槁則濫，陷溺則淫，不能安其仁，亦不能利於仁，只是爲物所化，只是痲木。

朱注稱：「不仁之人，失其本心，久約必濫，久樂必淫。惟仁者則安其仁，而無適不然；知者則利於仁而不易所守，蓋雖淺深不同，然皆非外物所能奪矣。」

失其本心，是失其本心之朗然，又失其本心之惻然。這只是埋沒了性情。仁者在久處約裏見性情，在長處樂裏，也見性情。故安其仁，即安於其性情之中。知者在久處約裏見才華，在長處樂裏，也見才華。故利於仁，即利於其性情之所近。在性情中，無適不然。而性情所近，則不易所守。固皆不爲外物所奪。若性情埋沒，便即爲所奪。而性情之所以埋沒，又只是因爲沒有其精神的強度，故處約處樂，皆須自強，安仁利仁，乃自強之效。

（四）

子曰：「唯仁者能好人，能惡人。」（里仁篇）

只因有其性情之貞，才能有其好惡之正。只因有其好惡之正，才能好人，能惡人。只因能好人，能惡人，才能好人之善，惡人之不善，而獲是非之明。因之，此心之明，全由此心之能。此心之能，即是此心之仁。而惟仁者，有其性情之貞。由此而生出力量，便是所謂「手握乾坤殺活機」，實非小可，儘有大用。既有大利，即成大公。

朱注稱：「唯之爲言，獨也。蓋無私心，然後好惡當於理。程子所謂得其公正是也。」好惡之當於理，和得其公正，實全賴性情之大用，故惟仁者能之。

（五）

子曰：「富與貴是人之所欲也，不以其道得之，不處也。貧與賤是人之所惡也，不以其道得之，不去也。君子去仁，惡乎成名？君子無終食之間違仁，造次必於是，顛沛必於是。」（里仁篇）

一切以性情爲本，則在內者重，而在外者遂輕。富貴雖所欲，然非所重。貧賤雖所惡，但畢竟是輕。此心朗然，處富貴之道，自能審。此心惻然，在貧賤之際，自能安。故富貴有所不取，貧賤有所不去，俱一本於性情之正，一本於此心之仁。蓋必如此始安，亦必如此始樂。若性情埋沒而去其仁，則其人昏然，塊然，而不成其爲人，自更不成其爲君子。人惟清明在躬，故貞固不移。人惟惻然有感，故生命有力。由此而見性情，則性情於一飯之頃可見，於急劇苛繁之時可見，於傾覆流離之際亦可見。一見性情，即見生命，一見生命，即見力量，而一見眞的力量，即貞固而不違仁，一切朗然，一切惻然。

朱注稱此章爲：「言君子爲仁，自富貴貧賤，取捨之間，以至於終食造次顚沛之頃，無時無處而不用其力也。然取捨之分明，然後存養之功密，存養之功密，則其取捨之分益明矣。」

取捨一本於性情，即存養全著眼於性情，故君子爲仁，功夫貴密。

（六）

子曰：「我未見好仁者，惡不仁者。好仁者，無以尚之。惡不仁者，其為仁矣，不使不仁者，加乎其身。有能一日用其力於仁矣乎？我未見力不足者。蓋有之矣，我未之見也。」（里仁篇）

必須有眞性情，方能有眞好惡。必須有眞好惡，方能眞好仁，方能眞惡不仁。能好仁，是表現眞生命。能惡不仁，是表現眞力量。天行健，是眞生命。自強不息，是眞力量。這是乾德。這是至誠。這在人間，何處可見？故曰：「未見。」

好仁者是以仁體仁，是以性情接觸著性情，是心與心的相印，是光與光的交輝，是理與理的貫注，是機與機的延展。這其間的精神性是無比的，故曰：「無以尚之？」

朱注云：「蓋好仁者，眞知仁之可好，故天下之物無以加之。」以言眞知，就必須清明在躬而毫無渣滓，對天理，揭然有所存，對天機，惻然有所感；故對仁，方有所好。此則「天下之物，無以加之」。

惡不仁者，是以仁求仁而未得，是以性情去接觸著性情而未遂，是天心的投擲落空，是天光的放射受阻，是天理的流行暫塞，是天機的引伸少停。這其間，正是所謂「龍戰於野，其血玄黃」，其所表現的精神性，是絕對不可以讓非精神性滲入其間的。故曰：「其爲仁矣，不使不仁者，加乎其身。」

朱注云：「惡不仁者，眞知不仁之可惡，故其所以爲仁者，必能絕去不仁之事，而不使少有及於其身。」

不仁之可惡，在其使仁道中折，在其使性情成災，在其使天心愁慘，在其使天光暗澹，在其使天理虛懸，在其使天機頓挫，到此，仁道的修補，性情的挽救，天心的喚回，天光的復現，天理的再一度的流行，和天機的再一度的逞露，都必須絕去不仁之事。而此不仁之事，自應「不使少有及於其身」。

以全副心腸，全副力量，用之於仁，則一日如此，一年可知，一年如此，一世可知。天機天運之轉，天心天意之回，一轉即全轉，一回即全回，天理天光，亦復如是。本此以言性情，實貴一念，本此以言仁，亦貴一日。故曰：「有能一日用其力於仁矣乎？」

一用其力於仁，雖是一日，亦即可見其眞實的生命。有其眞實之生命，自有其眞實之力量。故曰：「吾未見力不足者。」

也許會有一個時候，一個人有其眞實生命而乏其眞實力量，這正如耶穌臨到上十字架的前一晚祈禱時，見到門徒都睡著了，就對彼得說：

「怎麼樣？你們不能和我儆醒片時麼？總要儆醒禱告，免得入了迷惑。你們的心靈固然願意，肉體卻軟弱了。」（見《馬太福音‧第二十六章》）。

人的氣質不同，故力量亦終有兩樣。力量不夠的，肉體軟弱的，自然不會沒有，但爲仁無力，畢竟未見，故曰：「蓋有之矣，我未之見也。」

（七）

子張問曰：「令尹子文，三仕為令尹，無喜色，三已之，無慍色，舊令尹之

政，必以告新令尹，何如？」子曰：「忠矣。」曰：「仁矣乎？」曰：「未知，焉得仁。」

崔子弒齊君，陳文子有馬十乘，棄而違之。至於他邦，則曰：「猶吾大夫崔子也。」違之。之一邦，則又曰：「猶吾大夫崔子也。」違之。何如？子曰：「清矣。」曰：「仁矣乎？」曰：「未知，焉得仁？」（公冶長篇）

忠可以見性情，清亦可以見性情，但忠與清畢竟是性情中事，而性情中人則必須是「清明在躬」，必須是「滿腔子都是惻隱之心」，而毫無沾滯。

忠可以顯仁，清亦可以顯仁，但忠與清畢竟是仁的事，而仁者則必須是此心朗然，此心惻然，而毫無渣滓。

令尹子文之忠，不能無沾滯，故曰：「未知，焉得仁？」使無沾滯，便是仁。陳文子之清，不能無渣滓。故曰：「未知，焉得仁？」若無渣滓，便是仁。

然無沾滯，實是一天理流行之相，無渣滓是人欲去盡之相，此則談何容易。故性情之際最是難言，而仁亦最是不應輕許。

第十四講　孔門教義的中心——仁（下）

（一）

宰我問曰：「仁者雖告之曰：『井有仁焉。』其從之也？」子曰：「何為其然也？君子可逝也，不可陷也，可欺也，不可罔也。」（雍也篇）

凡言性情，總是悲慧相生，由悲生慧，由慧生悲，悲慧相生不已，則一方面是氣志如神，一方面是至誠如神，由此而及於外，則過化存神，齊於神明。一切在燭照之中，又一切是在感應之內。從心上說仁，則心如鏡，仁如水，鏡與水兩皆澄然，則常照常覺，一心之靈，便是一心之仁。從性情上說仁，則性同於天，情同於性，而其仁亦復如天，由此而一氣流行，一善流行，一理流行不已，而純亦不已。性情之純，正是性情之仁。故仁者由於其性情之純，「可逝也」，亦「可欺也」。然仁者終以其心之靈，以及其性情上的神明，而「不可陷」，「不可罔」。

朱注稱：「逝謂使之往救，陷謂陷之於井，欺謂欺之以理之所有，罔謂昧以理之所無。蓋身在井上，乃可以救井中之人，若從之於井，則不復能救之矣。」

仁之相爲「天無私覆，地無私載，日月無私照」，那只是一個公，那只是一個大，那只是一個客觀化。故理應往救即救，理之所有即行，在這裏，仁便扣緊著天理，善結合著眞，以成其生命，以生其力量，並以見其美，而與天地同其樂。其可逝可欺處，正是性情之厚。

（二）

子貢曰：「如有博施於民，而能濟眾，何如？可謂仁乎？」子曰：「何事於仁？必也聖乎！堯舜其猶病諸。夫仁者己欲立而立人，己欲達而達人。能近取譬，可謂仁之方也已。」（雍也篇）

仁不能以效言，仁只是性情的純亦不已，仁只是性情的悲慧相生，雖其極可以齊於神明，一切在燭照之中，一切在感應之內，但終不能以效言。以效言，即落於「所」，不以效言，始成其「能」。落於所，即落於跡，成其能，即成其性。以鏡照物，只取其能照，而不必計其所照之物。以仁存心，亦復如是，只取其能推，而不必計其所推之處。只不過照須直照，推須直推，其照無窮，其推亦復無限。最重要的，還是在起點，以期當下即照，當下即推。此之謂機，論仁總須論機。而己立立人，己達達人，便是一個大機括。在那裏，會儘有著「維天之命，於穆不已」。在那裏，會終有著「文王之德之純，純亦不已」。在那裏，只要方向一立，便儘可以上下與天地同流。故曰：「能近取譬，可謂仁之方也已。」惟仁者亦未始不欲博施濟眾，以宏其效，然在性情之際，一切終於未濟，以言博施濟眾，就只好說是「何事於仁，必也聖乎？」然聖人於此等處，臨終時，仍不免嘆一口氣，故曰：「堯舜其猶病諸。」

（三）

子曰：「仁遠乎哉？我欲仁，斯仁至矣。」（述而篇）

從機上說，仁只是人本其性情的當下一念。而從機之發上說，仁即溥博如天，淵泉如淵，成四時，生萬物，那會就是上帝，就是眞理，就是道，那是一念靈明，而光被四表，並通透一切，但又終歸於性情，而爲生命，智慧和力量之所從出。故曰：「仁遠乎哉？」惟不欲之，則仁與性情即判然兩分，而性情乖，生命枯，智慧竭，力量成暴，天地因之而閉，上帝因之而隱，人道天道俱窮，一切無話，一切無明。但如欲之，則一念復明，又生天生地，成古成今，並再度成性成能，成就一切，使彌天地之仁，當下即成滿腔子之仁。故曰：「我欲仁，斯仁至矣。」

朱注云：「仁者，心之德，非在外也。放而不求，故有以爲遠者，反而求之，則即此而在矣。夫豈遠哉？」

又朱注更引程子之言曰：「爲仁由己，欲之則至，何遠之有？」

凡此皆是從機上說。由此引伸，仁實在是天地間的一點生機，也正是宇宙間的一番生意。於此而生生化化，爲天地之大德，自亦爲此心之德與此道之成。這雖「非在外」，但若推出，亦儘有其神奇，這就是化成上帝！而對之祈禱，亦復「欲之即至」。惟此上帝，終必重歸本心，重歸性情，到這裏，「反而求之」，則即此而在矣。故在性情之教上，一切都不遠，一切都內在。

（四）

子罕言利與命與仁。（子罕篇）

利不可多言，多言則性情之道日虧。命不可常言，常言則敬畏之心日減。仁不可泛言，泛言則實踐之功日疎。故利與命與仁，皆所罕言。即此罕言，亦可知聖心之深，可知聖心之遠，可知聖心之切。深是深於性情，遠是遠於得喪，切是切於實際，切於實理，切於實踐。惟深於性情，故利始爲義之和。惟遠於得喪，故命方爲天之啓。惟切於實際，實理與實踐，故仁確爲生之機。到這裏，不可多言之利，正不必多言，不可常言之命，正不用常言，不可泛言之仁，正不須泛言。故「子罕言利與命與仁」。

（五）

顏淵問仁。子曰：「克己復禮為仁，一日克己復禮，天下歸仁焉，為仁由己，而由人乎哉？」顏淵曰：「請問其目。」子曰：「非禮勿視，非禮勿聽，非禮勿言，非禮勿動。」顏淵曰：「回雖不敏，請事斯語矣。」（顏淵篇）

克己復禮，是把一己的生命推出去，而歸諸天下。天下歸仁，是天下因一己的生命之絕對的客觀化，而回歸於一己的性情之中。這是天地間的一大交往。這是宇宙內的一大來復。由此而有天道的運轉，由此而有天理的流行，由此而乾乾，由此而無息，由此而性爲性天，情爲情地，由此，克己正所以使萬物爲一體，而復禮正所以復其見天地之心。故曰：「克己復禮爲仁。」

朱注載程子之言曰：「非禮處便是私意，既是私意，如何得仁，須是克盡己私，皆歸於禮，方始是仁。」

又載程子之言曰：「克己復禮，則事事皆仁，故曰天下歸仁。」

人之秉性，性同於天，原是至公。人之生情，情周於物，原是至普。其所以陷於私意，自是由於天理流行之受阻，與夫天道運行之失靈。而禮於此，則正是所謂「天理之節文」（見朱注），實亦無異是天道之落實。由此而天理在其節文中暢其流，天道在其落實處復其靈，便又成私意之去。故克己所以復禮，而復禮亦正所以克己。由此兩頭用功，雙管齊下，則克己所以見性情，復禮亦所以見性情。一日克己復禮，即天下共見此性情，而「事事皆仁」。故曰：「天下歸仁焉。」只不過，道之浩浩，終須落實，理之渾全，仍貴節文，以言功夫，則復禮尤有下手處。復禮由己，故爲仁由己，若是由人，便不是自己立法，便不是意志自由，這便又是天理流行之受阻，與天道運行之失靈，遂終於痲木，而爲不仁。人之視聽言動，實皆歸於無限，又歸於永恆，故一復於禮，則視周天地有形外，聽入風雲變態中；言本泰初皆是道，動驚神鬼亦從容。但如非禮，則視曰短而聽曰非，言曰拙而動曰乖，要皆爲離性情之貞，而成生民之患。故爲仁之目，總在視聽言動，能免於非禮，以復歸於無限，復歸於永恆，復歸於性天與情地。

（六）

仲弓問仁，子曰：「出門如見大賓，使民如承大祭，己所不欲，勿施於人，在邦無怨，在家無怨。」仲弓曰：「雍雖不敏，請事斯語矣。」（顏淵篇）

此乃以敬恕之道言仁。以克己復禮言仁，則直下是仁，一切通暢，故其效爲天下歸仁。以敬恕之道言仁，則接上是仁，一切凝聚，而其效則爲在邦無怨，在家無怨。大抵此理貴通暢，亦貴凝聚。就此心之朗然處說，則直下是仁，本無不暢，故只須克，只須復，更無他事。然就此心之惻然處說，則接上是仁，總須收斂，故必須敬，必須恕，而大有事在，由前而言，便無須著力，由後而言，便大須著力。然在仁體上，又總是若有事，若無事，若著力，若不著力。纔一通暢，便近虛玄。纔一凝聚，又近沾滯。因此言仁，連帶了心，也連帶了氣；連帶了性，也連帶了情；連帶了義理，也連帶了感應。若在性情之際，則日求其簡單化，便日近於仁，日近於道，但此簡單化又畢竟是一個無限的過程，又畢竟是一個永恆的志業。

朱注稱：「克己復禮，乾道也，主敬行恕，坤道也。」乾以易知，坤以簡能。惟在此若居敬而行簡，便又會是乾坤合德，以成性成能，成仁，成聖。故「如見大賓」，「如承大祭」，其語意無窮，其氣象亦復無窮，又復可學。

（七）

司馬牛問仁，子曰：「仁者其言也訒。」曰：「其言也訒，斯謂之仁已乎？」子曰：「為之難，言之得無訒乎？」（顏淵篇）

這是從功夫上說仁。從功夫上說仁，仁儘有其無限的功夫，儘有其無限的過程，並儘有其無限的內容，無窮的精神的實質和無盡的原委與言語，因此，爲之實難，而言之不得不訒。

（八）

樊遲問仁，子曰：「愛人。」問知，子曰：「知人。」樊遲未達，子曰：

「舉直錯諸枉，能使枉者直。」樊遲退，見子夏曰：鄉也吾見於夫子而問知，子曰：「『舉直錯諸枉，能使枉者直』，何謂也？」子夏曰：「富哉言乎！舜有天下，選於眾，舉皋陶，不仁者遠矣。湯有天下選於眾，舉伊尹，不仁者遠矣。」（顏淵篇）

在這裏，仁即是知，知即是仁，皆是道心。在道心之發上說，愛人即所以知人，知人即所以愛人。知人是此心之朗然，愛人是此心之惻然。此心朗然，是良知。此心惻然，是天理。愛人則對人即有極其同情之瞭解，故知人。知人則對人有極其適切之安排，故愛人。在此心朗然處，儘是惻然。在此心惻然處，亦儘是朗然。良知扣緊天理，天理亦扣緊良知，於此，生命與智慧打成一片，而全歸於性情，生出力量。故舉直錯諸枉，能使枉者直。此使愛人之仁，合其知，而非常仁；知人之知，合其仁，而非常知。固皆可以進而使人同歸於性情之天地，而能好仁，能惡不仁，以使不仁者遠。故子夏讚之曰：「富哉言乎！」

（九）

樊遲問仁，子曰：「居處恭，執事敬，與人忠，雖之夷狄，不可棄之。」

（子路篇）

這只是見性情，見心血，見肝膽。居處恭，是深見性情，執事敬，是明見心血，與人忠，是洞見肝膽。而合此全副性情、全副心血、全副肝膽，便無非是仁、無非是道，故曰：「雖之夷狄，不可棄也。」此因夷狄亦不棄仁，亦不棄道。

朱注引程子之言曰：「此是澈上澈下語，聖人初無二語也，充之，則睟面盎背，推而達之，則篤恭而天下平矣。」

大抵語及性情，總是澈上澈下的，睟面盎背，是性情中人，篤恭而天下平，是性情中事。聖人初無二語，聖人亦初無二事。夷狄不仁無道，但終可歸之於性情之中。

（十）

子貢曰：「管仲非仁者與？桓公殺公子糾，不能死，又相之。」子曰：「管仲相桓公，霸諸侯，一匡天下，民到於今受其賜，微管仲，吾其被髮左衽矣。豈若匹夫匹婦之為諒也，自經於溝瀆而莫之知也？」（憲問篇）

仁不能以效言，但當其生命與性情經過一番曲折，而智慧有不爲人所易見之際，就不能不以效言。以效言仁，雖對成性，不增不減，但對成能，則特有其意義。性情不可任其局促而自了，生命不可任其委曲而自小，匹夫匹婦之爲諒，以小信自刎，便只是自了，只是自小，由此而性情終難免於乖張，而生命亦終難免於枯萎，至此，固絕不足以言成能，亦不足以言成性，而只是災及性情，戕及生命，從另一意義上說，這正是不仁。以言管仲，則一匡天下，澤及生民，其不能死，正所以成其能，成其能，即有其仁之效，有其仁之效，轉以償補其性情之一度虧欠，亦正所以助成其性。故當子路有管仲「非仁乎」之問，孔子即答以「如其仁，如其仁」。而當子貢復有「管仲非仁者與」之問時，孔子直言「微管仲，吾其被髮左衽矣」。這更是大其仁。從全副性情上說，一個偉大的生命，總會有其偉大的智慧，總會有其偉大的力量。而此偉大的智慧和力量，又總會有其終歸於性情之處。在那裏，會儘有其雜，但積雜以成純，正所以見其大。於此，論仁，亦只能論其大。孔子以其全副性情以論管仲，遂與子貢等所著眼之處，全不相同。

（十一）

子曰：「知及之，仁不能守之，雖得之，必失之。知及之，仁能守之，不莊

以蒞之，則民不敬。知及之，仁能守之，莊以蒞之，動之不以禮，未善也。」

（衛靈公篇）

這是理性的步步落實。理性內用，而有所及，但若無仁以澤潤之，加以安頓，則所及難久，故「雖得之，必失之」。理性所及，而為仁所安頓，但若不臨之以莊，再加凝聚，則仍難有其氣象，而為民所敬。理性所及，而為仁所安頓，又加以凝聚，而成氣象，但若不能化而為禮，以成生民之常軌與常道，仍是未能真實受用，故曰：「未善也。」這一理性的步步落實，是由心靈落到生命，再由生命落到氣象，復由氣象落到禮俗。由此而有人生，由此而有教化，亦由此而有政治。其中行徑，是由性情中人，到性情之教。由性情之教，到性情之治。這便整個是性情，整個是仁。

第十五講　理性的內用與性情的流注

（一）

有子曰：「禮之用，和為貴，先王之道，斯為美，小大由之。有所不行，知和而和，不以禮節之，亦不可行也。」（學而篇）

由此心之朗然處，可以洞見宇宙間之眞正的秩序。由此心之惻然處，可以深悉宇宙間之極度的和諧。眞正的秩序，是一個全秩序。全秩序是由萬物之異，所構成之全。那是不同同之之謂大，故爲大序。極度的諧和，是一個絕對的諧和，那是由萬物之同，所構成之全。那是充實而有光輝之謂大，故爲大和。在大序裏，層層相因，在大和裏，光光相映。這便是禮樂之原，要皆爲性情之事。「禮之用，和爲貴」，那是層層相因，而又是光光相映，此先王之道，所以能極性情之美，而大小不遺。惟僅知此心之光光相映，放大光明，生大和諧，而無其層層之相因，則一方面固已失其莊嚴相，而另一方面亦盡有其流走處，所以「知和而和」，仍須節之以禮。

朱注引程子之言曰：

「禮勝則離，故禮之用，和爲貴。先王之道，以斯爲美，而大小由之。樂勝則流，故有所不行者，知和而和，不以禮節之，亦不可行。」

層層相因，若一味莊嚴則隔，隔則離。故禮勝則離。光光相映，若一無分際則閃，閃則流。故樂勝則流。是以禮樂之用，必連接於性情之貞。

（二）

子曰：「詩三百，一言以蔽之，曰：『思無邪』。」（為政篇）

一個人對著花瓣裏的清露，會思無邪；對著桃葉裏的蟬聲，會思無邪。因爲在那裏，會儘可以見出那性情之完美，而悠然神往。

一個人對著原野暗夜裏的燈光，會思無邪；對著暴風裏的青松綠柏，會思無邪。因爲在那裏，會儘可以見出那性情之全眞，而當下自許。

一個人對著壓傷了的蘆葦，會思無邪；對著點殘了的蠟燭，會思無邪。因爲在那裏，會儘可以見出那性情之至善，而內恕孔悲。

朱注稱：「詩三百一十篇，言三百者，舉大數也。蔽猶蓋也。思無邪，魯頌駉篇之辭。凡詩之言善者，可以感發人之善心；惡者，可以懲創人之逸志。其用歸於使人得性情之正而已……。」

這得性情之正，就是得性情之全。清露蟬聲是全，燈光綠柏是幾於全，而蘆葦之折，蠟燭之殘則是全的破裂，但由此而復全，則爲大全。此性情之大全，實乃性情之大正。一個人總須得從「全」裏面興起來，更應該從「幾於全」裏面興起來。而在「全」的破裂裏，尤其要迫不及待地立即興起來，以合於性情之大全，而歸於性情之大正。由此當知詩之大用，即在其能興起一切。惟「詩可以興」的根源何在？若不能於其「思無邪」處，見出一切事物的精神性，則「俯仰之間，已成陳跡」，必終至「嗒然若喪」而後已。是以性情之際，最是難言，而詩亦最難言。今只此「思無邪」三字，會就是興於詩。蓋由此而思及性情之大全，由此而思及性情之大正，便可以深知性情之教，當下就鼓舞了一切。

（三）

子張問：「十世可知也？」子曰：「殷因於夏禮，所損益可知也。周因於殷

禮，所損益可知也。其或繼周者，雖百世可知也。」（為政篇）

在這裏，你可以看到一個永恒的國家，一個永恒的民族，一個永恆的歷史，一個永恆的文化，又可由此看到一個永恆的天地，一個永恆的人間，一個永恆的人物。更可從而把握到一個安定的宇宙，和一個眞常。

人性是眞常，性情之常是眞常。天變地變，道不變，道是眞常。

此心不朽，此念不朽，此理不朽。此心之常是眞常，此念之常是眞常，此理之常是眞常。

禮的根源是理，那是天理的節文，那是人事之儀則（見朱注），那是人性的軌範，那是構成人類社會的一大理性的基礎，那是國家政治由神權神話而躍進到理性和理想之領域的一大關鍵。由那裏，一個人文的世界確立了，於是一個原本動蕩的宇宙，由屯而泰，便一下子獲得了一個應有的安定。天因之而清，地因之而寧，人間因之而祥，人物因之而瑞，故天地永恆，人間長在，而人物不朽，天理在那裏永遠地流行，念念在那裏永遠地相續，心心在那裏永遠地相印，道在那裏成了肉身，性情在那裏成了本體，人性在那裏成了天性。這使善成了至善，和成了太和，德成了明德，而清明則成了大明，這更涵蘊著無比的美和無上的樂，同時一切又都能知音、知美、知好歹。在一切能知音、知美、知好歹裏所形成的一個國家，那會是一個全副性情的國家，是不會有問題的；因之，那會是一個永恆的國家，也是無問題的。在一切能知音、知美和知好歹裏所形成的一個民族，那會是一個全副性情的民族，是不會有問題的；因之，那會是一個永恆的民族也是無何問題的。在一切能知音、知美、知好歹裏所形成的一個歷史，那會是一個充滿了性情的歷史，是不會有甚麼問題的；因之，那會是一個永恆的歷史，還是無何問題的。在一切能知音、知美、知好歹裏所形成的一個文化，那會是一個十足的性情的文化，是不會有一點問題的；因之，那必然會是一個永恆的文化，更是沒有任何問題的。

就因爲如此，在孔子那時候，就會有子張那麼樣的「十世可知也」之問。這是在任何一個國家，任何一個民族，任何一個歷史和任何一個文化裏，都不致發出的一問。人心每習於變，而不習於常，於是以變爲常，竟成常情、竟成常事、竟成常理。在如此情形下，又如何能發此一問？故子張之問，實是全人類有史以來最大的一問。但若是沒有中國，又如何能有此最大一問？但若是不遇孔子，又如何能解答此最大一問。耶穌曾慨嘆著「一個邪惡淫亂的世代求著神蹟」。其實，像子張和其夫子的那樣一問一答，眞是早已經構成了全人類有史以來最大的一個神蹟。子張問以十世可知，孔子竟答以百世可知。這不是先知，而是聖知，這是因常而知，這亦因所損益而知。

朱注於此稱道：「其所損益，不過文章制度，小過不及之間，而其已然之跡，今皆可見，則自今以往，或有繼周而王者，雖百世之遠，所因所革，亦不過此，豈但十世而已乎？」

這所謂已然之跡，實皆性情之跡。一切皆有成、有住、有壞、有空，惟此不可以言成住壞空，這正如一切皆可言進化，惟此不可言進化，而只能言其精進，言其創進，言其乾乾，言其無息。亦惟如此，故可言：「雖百世可知也。」此性情之常，亦正是性情之貞。貞下起元，萬古如一。

（四）

子曰：「人而不仁，如禮何？人而不仁，如樂何？」（八佾篇）

人而不仁，則此心暗然。此心暗然，則天昏地黑，而一切失序。其所謂禮，只是性情的抹煞，只是生命的桎梏。故曰：「如禮何？」人而不仁，則此心塊然。此心塊然，則天地為一物，而一切失靈失和。其所謂樂，只是性情的乖張，只是生命的刺激。故曰：「如樂何？」

禮樂必須心靈照射，方有其光輝；必須理性貫注，方有其意義；必須生命滲透，方有其價值；必須性情顯露，方有其血肉、方有其精神、方有其力量，而可澤潤一切、安頓一切、興發一切。但一不仁，則心靈痲木，理性消亡，生命枯槁，性情全不是原來的面目。故禮樂必待其人而後行。

朱注曾引李氏之言曰：「禮樂待其人而後行，苟非其人，則雖玉帛交錯，鐘鼓鏗鏘，亦將如之何哉？」

一非其人，即失其精神性；一失其精神性，便一切形式化、外在化，而無其內容，只是空殼。

（五）

林放問禮之本。子曰：「大哉問。禮，與其奢也，寧儉。喪，與其易也，寧戚。」（八佾篇）

在繁複的世界裏，在五光十色的場合中，在喪亂中，在邪惡中，在虛文中，在整個僵化了的時代和局面下，一切都須得簡單化：生活須得簡單化，心情須得簡單化，人與人之間，須得簡單化，一草一木的安排，也須得簡單化。只有在簡單化裏，才可以見生命。只有在簡單化裏，才可以見智慧。只有在簡單化裏，才可以見性情，才可以見出一切的精神性。「求諸野」是簡單化，只有在簡單化裏，才可以見到一切的本源。「浮於海」是簡單化，只有在簡單化裏，才可以見到一切的方向。以此而言禮之本，那也只有在儉裏面，才可以見出，只有在戚裏面，才可以見到。儉是在物質方面的儘量簡單化，戚則是讓整個悲痛怛惻的心情，簡單化到一點，由此可以證悲，證體，證一切之本。

禮之本，在此心之安。此心之安，在此心之明。此心之明，在此心之靈。此心之靈，在此心之戚。此心之戚，在此心之仁。此心之仁，在此心之不容已。故寧儉，寧戚。

（六）

子曰：「居上不寬，為禮不敬，臨喪不哀，吾何以觀之哉？」（八佾篇）

「不寬」是心靈的窒息，不能敞開；是智慧的陷落，不能照射；是精神的捲縮，不能周遍；故只見其小。以小居上，故曰：「吾何以觀之哉？」

「不敬」是生命的邪曲，不能挺起；是情識的放肆，不能歸宗；是氣志的慘淡，不能發出；故只見其穢爲禮，故曰：「吾何以觀之哉？」

「不哀」是性情的消亡，不能感應；是心血的乾枯，不能流注；是肝膽的破裂，不能彌縫；故只見其耍戲法而臨喪，故曰：「吾何以觀之哉？」

朱注稱：「居上主於愛人，故以寬爲本。爲禮以敬爲本。臨喪以哀爲本。既無其本，則以何者而觀其所行之得失哉？」

居上無本，其小難言。爲禮忘本，其穢難堪。臨喪而不知反其本，則耍戲法，其醜難說。

（七）

子曰：「質勝文則野，文勝質則史，文質彬彬，然後君子。」（雍也篇）

質勝文，是簡單，是野，是無人文以化成，是無文化的意味，是無修養，是無光輝，是荒涼，是蒙昧，是未開啓，是最初的諧和，是赤裸裸，是嬰兒的狀態，是自然的境界，是仍停留於材質的地步。

文勝質，是繁複，是史，是多聞習事，是世務的意味多，是形式化，是五光十色，是閃爍，是一切擺出來，是全曝露，是最初的諧和之一個破裂，是瑣瑣碎碎，是法利賽人，是俗界，是已到了一個乾枯，僵化而形成爲虛的影子地步。

對野說，是須要文化，而對史說，則必須簡單化。惟此簡單化，方能去除其虛影，突破其外殼，而全其精魂，歛其氣魄，以歸於再一度的人格上的諧和，而免於分裂。

一切宗教和道德上的語言，大都是簡單化的語言，一切宗教和道德上的方向，大都是簡單化的方向，而文質彬彬，會就是簡單化了的結果。故日：「然後君子。」

（八）

子曰：「恭而無禮則勞，愼而無禮則葸，勇而無禮則亂，直而無禮則絞。君子篤於親，則民興於仁。故舊不遺，則民不偷。」（泰伯篇）

恭而不勞，愼而不葸，勇而不亂，直而不絞，這都是一個人的理性，透過一個禮的形態而內用不已的成效。

朱注稱：「無禮則無節，故有四者之弊。」

而此節，即是理性的內用。

篤於親而不遺故舊，是一個人的性情的直接流注。由此一直流注而橫溢於外，感應於外，則民即興於仁而不偷。

（九）

子曰：「興於詩，立於禮，成於樂。」（泰伯篇）

在這裏，一興起則一切興起，一站立則一切站立，一完成則一切完成。一切興起，則天地變化而草木繁昌。一切站立，則氣質變化而萬象森然。一切完成，則生生化化，而沖漠無眹。故為詩則思多識鳥獸草木之名；為禮則思一草一木，皆得其所；為樂則思「頻呼小玉渾無事，為要檀郎識得聲」。由此，而詩方可以興，禮方可以立，樂方可以成。

至於一個人的興於詩，則據朱注所稱，是：

「詩本性情，有邪有正，其為言既易知，而吟詠之間，抑揚反覆，其感人又易入，故學者之初，所以興起其好善惡惡之心，而不能自已者，必於此而得之。」

詩本性情，故興於詩，即所以讓性情引發性情，而同歸於性情之域，以本其向上一機，提起自己。又關於一個人的立於禮，朱注稱：

「禮以恭敬辭遜爲本，而有節文度數之詳，可以固人肌膚之會，筋骸之束，故學者之中，所以能卓然自立，而不爲事物所搖奪者，必於此而得之。」

恭敬辭遜，亦是發自性情。而本諸理性，則有節文度數之詳。其卓然自立而不被搖奪，正是性情之獲其貞定。故「貞固足以幹事」，而確立自己。又關於一個人的成於樂，朱注云：

「樂有五聲十二律，更唱迭和，以爲歌舞八音之節，可以養人之性情，而蕩滌其邪穢，消融其渣滓，故學者之終，所以至於義精仁熟，而自和順於道德者，必於此而得之。是學之成也。」

性情之得其顯在詩，性情之得其貞在禮，性情之得其養在樂，惟得其養，故一無邪穢，一無渣滓，而通體透明，以底於成。

緊接著一個人的完成，便是一個國家的完成。緊接著一個國家的完成，便是一個世界的完成。緊接著一個世界的完成，便爲一個宇宙的完成。而其完成之相，則是雷雨之動滿盈，於是整個是生命，整個是智慧，整個是性情。於此，興於詩，即見一氣之流行而有其至理。立於禮，即見一理之流行，而有其至善。成於樂，即見一善之流行，而有其至美。

（十）

子曰：「小子！何莫學夫詩？詩可以興，可以觀，可以群，可以怨。邇之事父，遠之事君，多識於鳥獸草木之名。」（陽貨篇）

詩可以興，是由其可以讓人在天地間洞見一氣之流行而有其至理。詩可以觀，是由其又可以讓人在天地間洞見一氣之流行而有其至誠。詩可以群，是由其更可以讓人在天地間洞見一氣之流行而有其至樂。詩可以怨，是由其同時更可以讓人在天地間洞見一氣之流行而有其至哀。在那裏，理與誠為一。在那裏，哀與樂相生。只因為理與誠為一，故可以「邇之事父，遠之事君」，而無虧於倫理。只因為哀樂相生，故可以轉而多識鳥獸草木之名，以移情於萬物。

朱注稱「詩可以興」為可以「感發志意」。其所以可感發志意，會就是由於那一氣流行之至理。朱注稱「詩可以觀」為可以「考見得失」。其所以可考見得失，會就是由於那一氣流行之至誠。朱注稱「可以群」為可以「和而不流」。其所以可和而不流，則是由於那一氣流行之至樂。朱注稱「可以怨」為可以「怨而不怒」。其所以可怨而不怒，則是由於那一氣流行之至哀。孔子在另一處更對伯魚說：

「女為周南召南矣乎？人而不為周南召南，其猶正牆面而立也與？」正牆面而立，則一步不行、一物不見。此正因為周南召南之詩可以見性情，而不為此詩，即不見性情；不見性情，即不見一物；不見一物，即難行一步。事父事君，有所不能，則鳥獸草木之名，識亦無用。故在性情之教中，詩教為首。

（十一）

子曰：「禮云禮云，玉帛云乎哉？樂云樂云，鐘鼓云乎哉？」（陽貨篇）

以為玉帛就是禮，那是此心之失明。失明即失其序，而序則為禮之本。以為鐘鼓就是樂，那是此心之失靈。失靈即失其和，而和則為樂之本。禮失其本，即無由歸於性情之貞。樂失其本，即難以極其性情之美。而所謂玉帛鐘鼓，便只是塊然之物，故成疑問。

第十六講　政治的智慧

（一）

子曰：「道千乘之國，敬事而信，節用而愛人，使民以時。」（學而篇）

使不敬其事，則政治為兒戲。使不立其信，則政治為騙局。使不節其用，則政治只是搜括。使不愛其人，則政治只是暴力。使使民不以其時，則一切便將趨於停頓。治國之要，總須不以政治為兒戲，為騙局，不視政治只是搜括，只是暴力，並須讓一切都能轉動起來。若欲如此，就必須有其一己之客觀化。到這裏，公便是仁；民主精神便是一種客觀化。

（二）

子曰：「為政以德，譬如北辰，居其所，而眾星共之。」（為政篇）

使不以德，則爲政便只是控制。只是控制，便只是權力。只是權力，便只是鬥爭。只是鬥爭，便只是陷害。只是陷害，便只是無明。只是無明，便不是眞理。不是眞理，便不是性格。故爲政不以德，便成性情之災。而性情之災，則正所以成天地之閉，成賢人之隱。到此，便天昏地黑，人道消亡，這如何還會有「如北辰，居其所，而眾星共之」？眾星之所共，會只是性情之相引，心心之相印，光光之相輝。那是一大清明之相。只有爲政以德，始眞可有其政治之清明。

（三）

哀公問曰：「何為則民服？」孔子對曰：「舉直錯諸枉，則民服。舉枉錯諸直，則民不服。」（為政篇）

在此有兩個問題：一爲用心上的問題，一爲認識上的問題。若根本無舉直錯枉之心，或存心舉枉錯直，便一切無由說起。那只是此心之無明，那只是性情之乖戾，故只成其私，只順其欲，而當民絕不能服時，便只是控制，由此而用爪牙，由此而有一切非理性的人物，集合在一起，以劫持天下。若此心猶有一隙之明，性情不致全般消失，則總思舉直，而不思舉枉。然舉直舉枉之明，終非一隙之明與不深於性情者所能濟，由此而有誤舉，甚至猶有堅以其所舉爲不可非，或因其勢已成，所舉雖非，竟不能去。到此，即連一己亦全歸昏暗。否則，便一轉而爲剛愎。故問題之嚴重性，實在此而甚於在彼。蓋率天下以暴，而民亦從之，此雖一時，然剝極而復，爲禍終屬有限。惟此昏暗與剛愎，誤以直爲枉，以枉爲直，則流禍無窮。而欲免於昏暗與剛愎，則在內即有其無窮的功夫可做，而在外亦有其無窮的功夫可做。此所謂在內的無窮功夫，即是盡性。此所謂在外的無窮功夫，即是成能。盡性是歸於性情，而成能則只有客觀化其自己。此客觀化自己，固靠一己之心力，然亦靠有一外力。此一外力，在道德的實踐上，是所謂師友夾持，而在政治的實踐上，則是民主制度。在這裏，民主亦正是成性成能之事。

（四）

子曰：「道之以政，齊之以刑，民免而無恥。道之以德，齊之以禮，有恥且格。」（為政篇）

此須先肯定政治的本質是眞理，而不是暴力。在此一大肯定之下，講政治法律，則政治法律便是理性的外用。此一外用，形成一外力，轉而加諸人之行爲，則終有一隔，而乏其親和之相，終非自己爲自己立法之可比。故徒恃政治與法律，以指導人類之行爲，於生命之安頓上，便甚勉強，而其自由，亦必爲有限之自由，或可以列舉之自由，故曰：「民免而無恥。」道德的自我指導，則是眞正的自己爲自己立法，這是理性的最深而又是最高的內用。由此一內用，轉而發射於外，則形成一個禮俗，此對生命的安頓，十分親和，故禮常與樂相關聯，這純是一種內力或心力。其加諸人之行爲，是一直的自發，故一點沒有隔。其所根據，全是一個人的自由意志，這一自由意志，和上帝的自由意志，並無不合。故其自由，直是無限，直是不可列舉，這使人人咸得歸於性情之正，故曰：「有恥且格。」惟於此道德和禮俗之外，亦並不是說，就可以不要政治法律。而且當道德與禮俗眞正發生其應有的作用之後，還更會在精神上，力求其進一步的客觀化。此進一步的客觀化，即是政治與法律的建立，必如此，方是一個國家的眞正形成，以作爲一個精神的大的實體，亦即作爲一個性情的大的產物。就此而言，則所謂德治，禮治，正是與民主和法治爲一本，而非兩岐。只不過此所謂民主，亦不能全是理性的外用，而只形成一外在力量，而法治更不是法家所謂之法治或集權國家所稱之法治，此蓋因民主究須有其豐富的內容，而法治更須有其溫暖的性質。兩者實皆應有性情爲底子。朱注在此章之下，有其按語道：

「愚謂政者爲治之具，刑者爲輔治之法，德禮則所以出治之本，而德又禮之本也。此其相爲終始，雖不可以偏廢，然政刑能使民遠罪而已，德禮之效，則有以使民日遷善而不自知。故治民者，不可徒恃其末，又當深探其本也。」

人類政治由神權君權，一轉而至民權，這是一大飛躍。在此一大飛躍中，如欲完全擺脫其一種神話的性質，以使國家也眞的不是所謂「必要的惡」，或是所謂「國家神話」，而完完全全是理性的，以至完完全全是性情的，這就必須要「深探其本」。否則民權就會總是搖擺的，沒有眞實的保障，而所謂民主制度，在一平面上，也終究是一個虛的架子，經不起一種非理性的力量的衝擊。是故欲以民主自由「爲生民立命」，還須同時爲「天地立心」。而欲爲天地立心，則往聖絕學，即心性之學或性情之教，就必須同時繼起來，以開萬世之太平。在這裏，一切恐難一躍而至，這也許會有一個相當長的過程，而無便宜可得，亦難有捷徑可求。

（五）

季康子問：「使民敬忠以勸，如之何？」子曰：「臨之以莊則敬，孝慈則忠，舉善而教不能則勸。」（為政篇）

臨之以莊，是一己生命的安頓。孝是承上的對老一輩的生命的安頓。慈是下被的對晚一輩的生命的安頓。舉善而教不能，是讓生命與生命之間有其善良的影響而自求安頓。凡民之能敬忠以勸，皆由其生命之獲其適切的安頓。到一切生命之有安頓，便是仁覆天下，便是性情顯於天下。

（六）

定公問：「君使臣，臣事君，如之何？」孔子對曰：「君使臣以禮，臣事君以忠。」（八佾篇）

必如此，方是生命與生命之間的上下交往，方是性情與性情之間的上下接觸。而其關鍵，猶在上而甚於在下。蓋君若使臣不以禮，便是君的生命陷於暴戾，君的性情陷於乖張，此則排拒一切的生命，災及他人之性情，人即欲忠，亦無由效其忠，由此而有政治上的種種悲劇。故言政治，君雖爲輕，而得君爲難。此必由民貴而民主，方可漸求此一問題之解決，而使君不得不使臣以禮，並使民以禮。

（七）

子曰：「能以禮讓為國乎何有？不能以禮讓，為國如禮何？」（里仁篇）

此在朱注爲：

「讓者，禮之實也。何有，言不難也。言有禮之實以爲國，則何難之有？不然，則其禮文雖具，亦且無如之何矣。而況於爲國乎？」

國家政治最擺脫不了的是權勢與利害，此在理性之表現上以及在性情之際，總難免夾雜，堯舜之純，即成聖人，而耶穌於此，則直說他的國在天上，這就更是乾乾淨淨。只不過，道不遠人，人終須「不捨離以爲道」，因此，對國家政治，總要積雜成純，以歸於「純亦不已」，總要化繁爲簡，以歸於「天下何思何慮」。而積雜成純，化繁爲簡，就必須在其無由擺脫的權勢與利害上，讓開一步，推開一點，否則大家扣得緊緊，便必致由爭奪到殺害，而生民便無以爲命，到此天地閉塞，上帝隱退，菩薩稱疾，直是不堪設想。故曰：「能以禮讓，爲國乎何有？」禮之實爲讓，就是民主之實，亦不能離此讓。禮文是對爭的一個道德限定，民主制度是對爭的進一步的法律限定。然此限定，若無一眞正之讓的精神貫注其間，則此限定終將落空，或是搖擺。而所謂讓的精神，實即理性的內用，亦即性情的表達，故曰：「不能以禮讓，爲國如禮何？」

第十七講　政治的心腸

（一）

子曰：「雍也可使南面。」仲弓問子桑伯子，子曰：「可也，簡。」仲弓曰：「居敬而行簡，以臨其民，不亦可乎？居簡而行簡，無乃太簡乎？」子曰：「雍之言然。」（雍也篇）

簡非避繁，惡煩，好閒之謂。「天地變化，草木蕃」，蕃正所以成其變。「少之爲貴，多之爲美」，蕃正所以成其美。「郁郁乎文哉！」蕃正所以成其文。耐煩是「不捨離以爲道」，而好閒則「積閒成懶，積懶成衰」（王龍溪語）。大抵避蕃不免爲性情之僻，惡煩不免爲心靈之枯，而好閒則爲生命力之不足。以避蕃惡煩與好閒之心以行簡，便是居簡而行簡，故曰：「毋乃太簡乎？」而不以避蕃惡煩與好閒之心以行簡，則是「居敬而行簡」，那是化蕃爲簡，那是不怕麻煩而有條理，那是忙中求閒而能從容。那是全副精神的收歛，貫注與集中，那是全副心腸的滲透、浸潤與鍥入，那是全副肝膽的揭露、敞開與照映。那亦就是簡單化。必須簡單化到無我相，無人相，無眾生相，無壽者相，而又一轉為有我相，有人相，有眾生相，有壽者相，從而真識得繁，耐得煩，不偷閒，以見出全副性情，便是仁。仲弓能知居敬而行簡之理，實已極近乎仁，而頗有「恭己正南面而已矣」之相，故曰：「雍也，可使南面。」

朱注稱：「南面者，人君聽治之位，言仲弓寬洪簡重，有人君之度也。」實則，此寬洪簡重，是仁者之資，亦即真正帝王之資，而儘可使居人君之位。

（二）

子曰：「泰伯其可謂至德也已矣。三以天下讓，民無得而稱焉。」（泰伯篇）

有以天下為重而讓者，此是讓賢讓能。有以天下為輕而讓者，此是從其所好。要皆為性情作主，性情行事。於此見大性情，實無得而稱，故曰：「民無得而稱焉。」而泰伯之三以天下讓，從其客觀精神上說，是以天下為重，從其絕對精神上，是以天下為輕。兩者兼之，實爲至德，故曰：「泰伯其可謂至德也已矣。」

（三）

子曰：「巍巍乎，舜禹之有天下也，而不與焉。」（泰伯篇）

朱注稱：「巍巍高大之貌，不與，猶言不相關，言其不以位爲樂也。」

我在我所著的《中國歷史大勢》一書的開端，曾說：

「在中國的古代傳說裏，有盤古氏開天闢地之一說。在這裏，如果我們聯想起舊約《聖經》裏所載的上帝七天創造了世界，和希臘神話裏所載的宙斯主宰了整個宇宙的故事，我們就知道，只有在中國，是人的兩手分開了天地，是人的兩手創造了世界，是人的兩手撐持了宇宙。」

每一個民族的開端，大都有其一種神話，伴著一個英雄的史詩時代，有如荷馬，賓達，愛基拉斯等人之所描述。於此，神話關聯著英雄，英雄亦關聯著神話。在神話中，顯耀著神的力量，而英雄則以征服他人，完成自己，征服他邦，完成自己的王國，而自以爲具備著一種神力，並爲神命或天命之所歸，一切都是用生命換來，一切都是由對象而獲得滿足。因此酒與美人，又和征戰聯結。精神一直外用，而內部愈是空虛，愈須塡補，但終於永遠塡補不了，因此悲劇又和英雄不能分開。而當一個英雄愈有其悲劇感之來臨時，便又愈要把一切扣得緊緊，愈要顯耀其權力，愈要專橫。這便使一種人類的歷史，只能形成一種爭奪史。這是由英雄的悲劇形成歷史的悲劇，從而爲拯救自己和歷史，更有其神話和宗教的要求。於是耶穌在這裏，便斬釘截鐵地說道：「我的國在天上，不在地上。」這樣便把一切糾纏，弄得乾乾淨淨，只不過這又形成了兩截。在此兩截當中，耶穌所能說的便只是：

「該撒的物當歸給該撒，神的物當歸給神。」（《馬太福音・第二十二章》）

於此天下一方面被捨離，一方面仍被扣緊，捨離的儘管捨離，扣緊的仍儘管扣緊。而欲既不捨離，又不扣緊，便是有天下而不與。這原只是讓開一步，但此一步之讓開，卻一下子形成了天下的一大敞開，並形成了天下的一大清明。由此更造成了另一種人類世界，完成了另一種人類歷史，而完完全全擺脫了神話，擺脫了英雄，擺脫了悲劇。故在中華民族的開端，便不似其他民族的開端，而其演進，亦復兩樣。在這裏，人的兩手，分開了天地，創造了世界，撐持了宇宙，又復兩足讓開一步，這會是如何的巍巍！故曰：「巍巍乎，舜禹之有天下也，而不與焉。」於是人各正其性命，人各歸其性情，一切是理性化之至，一切是簡單化之至，這在表面上看來，像只是一種哲人的散文時代，但在骨子裏，其實是遠比英雄的史詩時代為美。

(四)

子曰:「大哉,堯之為君也!巍巍乎,唯天為大,唯堯則之。蕩蕩乎!民無能名焉。巍巍乎!其有成功也;煥乎,其有文章。」(泰伯篇)

在其他的民族裏,開頭是神話與英雄。而在我們這裏,則開頭便是聖君與賢相。至於何以會有如此不同,則有的人竟直說是儒家之故意加以理想化。惟儒家之加以理想化,若完全沒有其事實之根據,便必將進一步,從而形成一種神話,而具備其另一種意義,這和其他民族的開端,即不致兩樣,以後的演進,也不會差得太遠。然考之歷史,我們這裏和外方的差異,則確實很大,故仍不能不承認其開端不同。而開端之所以不同,雖儘有其各種各樣的說法,只不過,在外方,其神話與英雄之產生的根源,終將祗能歸因於外方的民族的氣質;而在這裏,其聖君與賢相之出世的因緣,也終將祗能本之於這裏的人間的性情。若問外方何以會有如此之氣質,而這裏又何以會有如此的性情?這便是「天何言哉」?實不應再問,也無由置答。堯在我們民族的開端,是一群聖君賢相裏特出的一人,其所以特出,亦正在其性情之德。

朱注稱：「唯，猶獨也。則，猶準也。蕩蕩，廣遠之稱也，言物之高大，莫有過於天者，而獨堯之德，能與之準，故其德之廣遠，亦如天之不可以言語形容也。」

這只是由於堯把一切敞開來。堯在性情上的敞開，會正如天之敞開。因此堯內心之清明，便如天之清明；堯內心之廣遠，便如天之廣遠。這是以人則天，這亦正是以人合天。若從性情的深處說，當以人則天時，天亦則人，當以人合天時，天亦合人。故曰：「蕩蕩乎，民無得而稱焉。」此因：說是堯，又是天，說是天，又是堯，實無得而稱。

在性情的深處，無得而稱。但在性情之發上，則亦儘有其「成功」，儘有其「文章」。於此，朱注又稱：「成功，事業也。煥，光明之貌。文章，禮樂法度也。堯之德不可名，其可見者，此爾。」

惟其有內心之清明，故有其文章之光明，惟其有內心之廣遠，故有其成功之高大，光明則煥乎見於外，高大則巍然見乎前，故曰：「巍巍乎，其有成功也；煥乎，其有文章。」由此而影響天下，則天下無為而治。由此而影響歷史，則歷史永續永恆。

（五）

子貢問政，子曰：「足食足兵，民信之矣。」子貢曰：「必不得已而去，於斯三者何先？」曰：「去兵。」子貢曰：「必不得已而去，於斯二者何先？」曰：「去食。自古皆有死，民無信不立。」（顏淵篇）

兵是國防，食是民生，而信則是人與人間之性情的交往。去兵固難言國防，但「明王有道，守在四夷」，而弱國亦儘有自存、自立與自強之道。去兵又去食，則國防與民生，固俱不能言，但至此「守死善道」，其精神終可感昭一切，則後起有人，猶足以立。否則，民不信其上，上不信其民，人與人間之性情的交往，一概斬除，精神瓦解，食不能安，兵不能用，國防固不能談，民生亦不能談，一切便垮。

朱注稱：「民無食必死，然死者人之所必不免，無信則雖生而無以自立，不若死之爲安。故寧死而不失信於民，使民亦寧死而不失信於我也。」

因此爲政，必須是立信爲首，民生爲本，而國防爲重，若予以倒置，且因信之未立，而一切拴制，這便成邪惡之世，這便成性情之災，這便成生民之禍，這便成國家之殃。

（六）

哀公問於有若曰：「年饑，用不足，如之何？」有若對曰：「盍徹乎？」曰：「二，吾猶不足，如之何其徹也？」對曰：「百姓足，君孰與不足。百姓不足，君孰與足？」（顏淵篇）

百姓足，君亦足，那是藏富於民。百姓不足，君獨足，那是暴斂於民。朱注稱：「民富，則君不至獨貧。民貧則君不能獨富。有若深言君民一體之意，以止公之厚斂。爲人上者所宜深念也。」

集權國家，除政治上之集權外，並有其經濟上之集權，結果所至，便爲民貧而政府獨富，於是環繞於此集權政府中之一群，便形成一新階級，此則無異於打家劫舍，自更不足以言「百姓不足，君孰與足」。

（七）

齊景公問政於孔子，孔子對曰：「君君，臣臣，父父，子子。」公曰：「善哉！信如君不君，臣不臣，父不父，子不子，雖有粟，吾得而食諸？」（顏淵

篇）

性情有虧，便倫常有虧。倫常有虧，便一切有虧，而絕不能彌補。君臣父子之間，終不同於人與一般人之間，更絕不同於人與物之間。若於此而猶昧然，則直是同君臣父子於路人，又同路人於物，正所謂同人道於犬馬，而且物化。到此，自是絕無性情之可言，亦自是絕無生理之可說。故曰：「雖有粟，吾得而食諸？」由此便知政治之道，終不能以經濟為首出，而終須著眼於性情，著眼於倫常，著眼於教化。於此，君君，臣臣，父父，子子，便為首要。以今語釋之，則政府首腦總要像個政府首腦，一般公務人員，總要像個公務人員，而父更要像父，子亦要像子，不可首腦不成首腦，屬員不成屬員，父不成父，子不成子，故曰：君君，臣臣，父父，子子。由此而一切歸諸性情，便是為政之本。

（八）

子張問政。子曰：「居之無倦，行之以忠。」（顏淵篇）

居之無倦，則精神貫注；行之以忠，則性情滲透。以此為政，則見心靈，見生命。這才能談得上一切政治上的理想和一切政治上的實施。

朱稱注：「居，謂存諸心。無倦，則始終如一。行，謂發於事。以忠，則表裏如一。」存諸心是仁，則發於事便是政。政者正也，那正是生命的安頓，與心靈的安排。若於此如不能始終如一，表裏如一，便難說仁。

（九）

季康子問政於孔子，孔子對曰：「政者正也，子帥以正，孰敢不正。」（顏淵篇）

必須有心靈的正當安排，方能有生命的適當安頓。必須有生命的適當安頓，方能有政治的眞正常軌。必須有政治的眞正常軌，方能有天下的殊途同歸。所謂同歸，便是同歸於正。故曰：「子帥以正，孰敢不正？」

（十）

季康子患盜，問於孔子，孔子對曰：「苟子之不欲，雖賞之不竊。」（顏淵

篇）

使天下同歸於正，所好者惟仁，所貴者惟義，所欲者惟性情之所樂，則其所不好、不貴、不欲者，豈可賞之使好、使貴、使欲？而欲天下同歸於正，則必須一己先正。此即先正一己之所好、所貴與所欲。若一己不欲其所不欲，則人亦不欲其所不欲，而盜固人之所不欲，今竟為盜，自為一己貪欲厚藏之所致。故曰：「苟子之不欲，雖賞之不竊。」

（十一）

季康子問政於孔子，曰：「如殺無道，以就有道，何如？」孔子對曰：「子為政，焉用殺？子欲善，而民善矣。君子之德風。小人之德草。草上之風，必偃。」（顏淵篇）

殺無道，以就有道，原本是政治上的大義，然此大義，如不能向上一提，即終將失其向上一機，以致不可收拾。惟仁者能愛人，能惡人，亦惟仁者能生人，能殺人。殺豈易言？更豈應以此為念，而輕易生於心，出於口，見於事？殺機一動，性情便乖。性情一乖，大禍即起。至此，必須當頭一棒，故曰：「子爲政，焉用殺？」然爲政終必須行大義於天下，殺豈能免？如知其終不能免，而無可如何，以致惻然而悲，便見性情。既見性情，即安其仁。既安其仁，即欲其善。而有大性情者，則更有其大的感召，從而以其大仁，行其大義，到此便人皆可保持其向上一機，而同歸於善，故曰：「子欲善，而民善矣。」性情之際，千古難言，然就此性情之發上說，則有二相：一是小德川流，大德敦化，人皆有其性情，而性情與性情之交感，會有如風行水上。此言其常。一是君子存之，以爲其德，而成其風。小人乘之，亦以爲其德，而有似於草。到此，性情與性情之交感，便是風吹草偃。此言其變。而對懷殺機者言，則只可言其變，故曰：「草上之風必偃。」

（十二）

子路問政。子曰：「先之，勞之。」請益。曰：「無倦。」（子路篇）

政治是一大智慧，政治也是一大實踐。就其爲一大實踐上說，則先天下之憂而憂，後天下之樂而樂，而凡事更以身先之，這便是「先之」之義。「竭力以勞萬民」，只以身勞之，這便是「勞之」之義。由此而心不容已，情不容已，並以此一大實踐，乃是一無限的過程，而不忍少休，這便是無倦。

第十八講　政治的藝術

（一）

仲弓為季氏宰，問政。子曰：「先有司，赦小過，舉賢才。」曰：「焉知賢才而舉之？」曰：「舉爾所知。爾所不知，人其舍諸？」（子路篇）

這是政治上的簡單化之道，亦正是政治的藝術。朱注謂先有司則己不勞，而事畢露；赦小過則刑不濫而人心悅；舉賢才則有司皆得其人，而政益修。這是政治技術上的意義。而人之所以不先有司，不赦小過，不舉賢才，則皆爲性情之苛。性情之苛者，於己則自用，自用則不先有司。於人則求全，求全則不赦小過。於是心目中，總覺無賢才可舉，即舉亦不能用，即用亦不能久。若能一反而歸於性情之貞，則求人才於天性之中，有司皆樂爲己用，而一己則行所無事，直是無過可指，即有亦小，云何不赦？到此便形成一種政治的藝術，一切都會簡單化之至，而舉爾所知，更當下即是此心朗然，其所不知者，亦自然因之而進。

（二）

子路曰：「衛君待子而為政，子將奚先？」子曰：「必也正名乎！」子路曰：「有是哉，子之迂也！奚其正？」子曰：「野哉，由也！君子於其所不知，蓋闕如也。名不正，則言不順；言不順，則事不成；事不成，則禮樂不興；禮樂不興，則刑罰不中；刑罰不中，則民無所措手足。故君子名之必可言也，言之必可行也。君子於其言，無所苟而已矣。」（子路篇）

名的後面是實，實的後面是分，分的後面是全，全是全眞，是全善，亦是全美；而就其能上說，是全能，就其知上說是全知，就其神妙不可名言上說是全靈，或純靈。全的後面是體，就其爲一切之本上說，是本體；那就是性情，就是仁，就是理，就是心；而就其爲一切之主上說，則是主體，那就是上帝，就是天，就是道，就是命。然於此更即體即用，即全即分，上帝與性情，亦初無二致，而只是浩浩其天，肫肫其仁，淵淵其淵，於穆不已，純亦不已。這便是大全，這便是太一，這便是元，這便是天下何思何慮？因此一個名的成立，會就是上帝的立法。而一名之正，則就是性情之貞。必如此，言始順，事始成，禮樂始興，刑罰始中，民始有所措手足。

朱注引程子之言曰：「名實相須，一事苟，則其餘皆苟矣。」名由實至，名不可不正，言不可不行；而欲其行，則必不可苟。故曰：「君子於其言，無所苟而已矣。」

（三）

子曰：「其身正，不令而行。其身不正，雖令不從。」（子路篇）

這就是「政者，正也」之一觀點上說，亦可以說是從「政治的藝術」上說。若從「政治只是統治」，或權力政治，或是「無法從神話轉到理性」的政治上說，這亦可以說是只從「政治的技術」上說，則其身不正，而令亦從。此即所謂率天下以暴！然亦因此，而使天下無生人之氣，斷送國家民族之生機。

（四）

子適衛，冉有僕。子曰：「庶矣哉。」冉有曰：「既庶矣，又何加焉？」曰：「富之。」曰：「既富矣，又何加焉？」曰：「教之。」（子路篇）

這是說一個國家的人口政策，應該繼以經濟政策；一個國家的經濟政策，應該繼以教育政策。於此有兩大意義：一是以人爲本，以人口爲目的；一是以教爲重，以教育爲終極。而經濟的作用，則只是一方面爲了養，一方面爲了教。這正如《聖經》上所載：耶穌爲了要講道，「就拿著這五個餅，兩條魚，望著天，祝福。擘開餅，遞給門徒，門徒又遞給眾人，他們都喫，並且喫飽了」。只不過這還沒有如何具備著「養」的意義。在養的意義上，讓經濟政策附從於人口政策，那更是深體上天好生之德。就因爲這樣，便更讓經濟與教育都一齊變成了性情中的事。而庶富教的一個順序，即一轉而爲正德，利用，厚生的一個排列。

（五）

子曰：「苟正其身矣，於從政乎，何有？不能正其身，如正人何？」（子路篇）

這亦是從政治的藝術上說，而不是從政治的技術上說。政治有其光明面，亦即有其理性的表現之一面。政治亦儘有其陰暗面，亦即有其神話的表現之一面。在此兩方面，固皆有其政治的技術。然其身正者，在光明面之上，在理性表現之一面上，其政治技術的運用，實已使政治透過人的性情，而成一藝術，儘可不令而行。故曰：「於從政乎，何有？」其不能正其身者，潛於陰暗面之下，潛於神話表現之中，運用政治的技術，使政治透過各種組織，成一機械，其視人亦只成一機械的零件，這在純技術意義上，便無所謂正人不正人。因此，所謂「如正人何」，便只是從政治的藝術上說。

（六）

定公問：「一言而可以興邦，有諸？」孔子對曰：「言不可以若是其幾也。人之言曰：『為君難，為臣不易。』如知為君之難也，不幾乎一言而興邦乎？」曰：「一言而喪邦，有諸？」孔子對曰：「言不可以若是其幾也。人之言曰：『予無樂乎為君，唯其言而莫予違也。』如其善，而莫之違也，不亦善乎；如不善而莫之違也，不幾乎一言而喪邦乎？」（子路篇）

從學術上說，不厭辛苦是學脈。從政治的藝術上說，不厭辛苦，是政脈。而「知爲君之難」，則是不厭辛苦之本。蓋必如此，始能見出性情。這便使一切由此而興，而邦亦興。以「莫予違」而爲樂，那在政治的藝術上是性情之乖，由乖而愎，由愎而戾，由戾而暴，這便不僅不能使政治成一藝術，且使政治一轉而成一純暴力，必喪其邦而後已。故曰：「不幾乎一言而喪邦乎？」

（七）

子曰：「以不教民戰，是謂棄之。」（子路篇）

教是常，戰是變。不以常而處變，則只好歸於毀滅，故曰：「是謂棄之。」

（八）

子路問事君。子曰：「勿欺也而犯之。」（憲問篇）

朱注稱：「犯，謂犯顏諫爭。」「勿欺也而犯之」，此惟深於性情並深識政治的藝術者始能之。

（九）

子曰：「無為而治者，其舜也與？夫何為哉？恭己正南面而已矣。」（衛靈公篇）

這「無爲而治」，實是到達了一種政治的藝術之極峰。而欲到達此一極峰，則必須將一己簡單化到一極點。所謂「恭己正南面而已矣」，這便是簡單化到一極點之相。此惟性情中見之。

（十）

顏淵問為邦。子曰：「行夏之時，乘殷之輅，服周之冕，樂則韶舞，放鄭聲，遠佞人。鄭聲淫，佞人殆。」（衛靈公篇）

這眞是一個永恆的邦家裏之一永恆的政治！那是合三代之治而爲一，那是眞正的政治神話之去除。朱註稱行夏之時，蓋取其時之正。時之正，則農田水利之大興，即有其本。朱註稱乘殷之輅，乃取其「爲質而得其中」。質而得其中，則製作器用之齊備，即有其源。朱註稱服周之冕，「蓋亦以爲文而得其中」。文得其中，則文物制度之燦然，即有其常。朱註稱樂則韶舞，係取其盡善盡美。那是「八音與政相通」（劉禹錫語），那是政治的音樂化，那是一切歸於清明，歸於韻律，亦即是歸於性情。那實在是政治的藝術之眞正的完成。由此而更求其業可大，德可久，便只要守住。

朱注引張子之言曰：「法立而能守，則德可久，業可大，鄭聲佞人，能使人喪其所守，故放遠之。」

鄭聲淫，其淫是由其過繁。佞人殆，其殆是由其過雜。於此而放遠之，亦正是簡單化之道。蓋必如此，始能守住。政治藝術之最後完成，還須得慇懃地保任，懇切地守住，以期其穆穆綿綿。到此，識得穆穆綿綿之心，即知政治保守之義。

（十一）

子曰：「臧文仲其竊位者與？知柳下惠之賢，而不與立也。」（衛靈公篇）

在政治上如無其客觀精神，便一切以個人爲中心，爲出發點，而其所用心之處，便只是落到一些政治的技術上，不復能眞正留意於政治上的人物。即能留意，亦不復能知而舉之，舉而用之，用而盡其能。因此之故，其居高位，便同於竊。

朱註稱：「竊位，言不稱其位而有愧於心，如盜得而陰據之也。」

這只是小，惟小故不稱其位，惟小故竊，惟小故對賢者有戒心而不能與之併立。此所以小人不能當政。

（十二）

孟氏使陽膚為士師，問於曾子。曾子曰：「上失其道，民散久矣，如得其情，哀矜而勿喜。」（子張篇）

政治上的失道，是一悲劇。但利用政治上的失道，而有所圖，以事變亂，並竊據天下，劫持天下，則更爲一悲劇。在此一悲劇之中，生民之命，實無以立，其情至哀。由此而言政治的藝術，就必須繼以政治之常軌與常制，一以免上之失道，一以免民之散離。故於「哀矜而勿喜」之餘，既宜深體夷齊叩馬一諫之心，亦宜細思橫渠萬世開太平之意。凡能得性情之貞，必能得性情之用。這其間會儘有其大纏綿處，亦會儘有其大開朗處。而就其大開朗處以言，更會儘有其一大自由相，一大平等相。本此以論民主之建制，則在性情之際，實是水到渠成。在政治的藝術上，須行所無事。而在民主的建制上，亦最忌激蕩。一切放下，一切平平，便一切提起，一切巍巍。此當今民主建制應有之相。而凡事「哀矜而勿喜」，便不致激蕩。

第十九講　鬼神之道

（一）

子曰：「非其鬼而祭之，諂也。見義不為，無勇也。」（為政篇）

什麼是「非其鬼而祭之」呢？朱注稱：「非其鬼，謂非其所當祭之鬼。」而非其所當祭之鬼，會就是污鬼。新約載耶穌叫了十二個門徒來，給他們權柄，能趕逐污鬼，並醫治各樣的病症。他差這十二個人去，並吩咐他們說：「外邦人的路，你們不要走。撒瑪利亞人的城，你們不要進。寧可往以色列家迷失的羊那裏去……」（《馬太福音．第十章》）

這是因爲外邦人的路，是非其路，是非其所當走的路。這是因於撒瑪利亞人的城，是非其城，是非其所當進的城。而在迷失的羊那裏，則正是應該去的所在。非其所當祭之鬼，是污鬼，非其所當走的路，是邪路，非其所當進的城，是危城。故非其鬼而祭之是諂，非其路而行之亦是諂，非其城而入之亦是諂。從而非其神而奉之，更是諂；非其人而事之，尤其是諂。

朱注稱：「諂，求媚也。」

如其不是諂，不是求媚，則又何苦如是？又果何所求？要知外邦人的路，乃非其路，即外邦人的鬼，當亦非其鬼；外邦人的神，當亦非其神；而外邦人，則更非其類。此如求媚，又何往而不求媚？由此而有其一大反省，一大回顧，則「寧可往以色列家迷失的羊那裏去」，便就是見義勇爲。

朱註稱：「知而不爲，是無勇也。」

而知而求媚，則直是沒有心，沒有靈，沒有骨骼，固不僅僅是沒有肝膽。

（二）

祭如在。祭神如神在。子曰：「吾不與祭，如不祭。」（八佾篇）

「祭如在」，只是性情的流露。

「祭神如神在」，則只是一片心血，全副眞誠。而其精神，則上下與天地同流，如獲其主，並如獲其一種使命。

朱註引程子之語稱：「祭，祭先祖也。祭神，祭外神也。祭先，主於孝。祭神，主於敬。」孝思之極，則祭先必如晤其先，蓋性情之流露，自然如此，故曰：「祭如在。」敬謹之極，則祭神必如睹其神，蓋精誠之所感，自然如此，故曰：「祭神如神在。」這絕非憑其想像，亦非憑其直覺，仍非憑其靈感。憑想像，是形影虛繪。憑直覺，是夢境依稀。憑靈感，是電光閃爍。而「如在」，則全是眞實。那是不朽和永恒的一個見證。那是無窮和無限的一個座標。人必於此而接觸著一個眞實的存在，才能眞有其一己的存在。

「吾不與祭，如不祭」，便是說參加了祭祀，如未能接觸著一個眞實的存在，就如同沒有祭祀。

朱註稱此爲：「言己當祭之時，或有故不得與，而使他人攝之，則不得致其如在之誠。故雖已祭，而此心缺然，如未嘗祭也。」

此心缺然於祭時，便是此心陷落於事物。由此，精神在祭時便不會有其任何接觸，因亦不會獲得任何一種接引，而有其精神上的超越。這便「如未嘗祭」。但祭終不應形式化，故曰：「吾不與祭，如不祭。」即此便知孔子之超越精神，與其對宗教之態度。耶穌於上十字架前，俯伏在地，禱告之後，來到門徒那裏，見他們睡著了，就對彼德說：

「怎麼樣？你們不能和我儆醒片時麼？總要儆醒禱告，免得入了迷惑。……」（《馬太福音・第二十六章》）

而「吾不與祭，如不祭」，會也只是教人儆醒，其所謂「如在」，就是儆醒的狀態。那是實境，而絕不是光景。若是光景，就入了迷惑。

（三）

王孫賈問曰：「與其媚於奧，寧媚於竈，何謂也？」子曰：「不然。獲罪於天，無所禱也。」（八佾篇）

神非可媚，只有沒有其精神的強度的人，才求其所以媚。然在精神上，會正如新約裏所載耶穌之言：

「凡有的，還要加給他，叫他有餘。沒有的，連他所有的，也要奪過來。」（《馬太福音・第二十五章》）

因此之故，媚也無益。凡是精神上的缺陷，只有靠自己去彌補。凡是精神上的空洞，只有賴一己去塡充。若更有他求，會盡是罪過。若兼有俗念，則媚神尤難。船山云：「六經責我開生面，七尺從天乞活埋。」故凡事順理，生面即開，一念從天，活埋亦可。

朱註稱：「天，即理也。其尊無對，非奧竈之可比也。逆理則獲罪於天矣。豈媚於奧竈所能禱而免乎？言但當順理，非特不當媚竈，亦不可媚於奧也。」

實則，「非特不當媚竈，亦不可媚於奧」，還一樣不可媚於其他一切的神。就是對著獨一無二的神，那也只要信，不要怕，更不要媚。施洗約翰看見許多法利賽人和撒都該人，也來受洗，在指責了他們以後，還說道：

「現在斧子已經放在樹根上，凡不結好果子的樹，就砍下來，丟在火裏。」（《馬太福音．第三章》）

所有媚神的，甚至爭著也來受洗的，會大都是這一批法利賽人和撒都該人。而那問著「與其媚於奧，寧媚於竈」的王孫賈，也正是這同一類的人。這類人正如耶穌所說：

「……喜愛筵席上的首座，會堂裏的高位，又喜愛人在街市上問他安，稱呼他拉比。」（拉比爲夫子意，語見《馬太福音．第二十三章》）

這類人照孔子的意思看來，也實實在在是傷天、害理。故曰：「獲罪於天，無所禱也。」神非可媚，即對「其尊無對」者，禱亦無用。必須由此而順天理，明天道，識天心而見性情，方能言信，方可言神，方好談宗教，亦方可眞有其精神的強度。

（四）

樊遲問知。子曰：「務民之義，敬鬼神而遠之，可謂知矣。」問仁。曰：「仁者先難而後獲，可謂仁矣。」（雍也篇）

這也只是從精神的強度上說。眞有其精神的強度者，直可動天地，泣鬼神。然此必須求之於性情的深處。

朱註稱：「民，亦人也，獲謂得也。專用力於人道之所宜，而不惑於鬼神之不可知，知者之事也。先其事之所難，而後其效之所得，仁者之心也。」

在性情的深處，見知，則於其超越處，自只有敬，自只有遠。在性情的深處，見仁，則於其涵蓋處，自先其難，自後其獲。凡此皆人道之所宜，但亦正是天道之所顯。故務民之義，即見性情；一見性情，即顯精神；一顯精神，即動天地；一動天地，即泣鬼神。鬼神不可知，然終可感。敬而遠之，即所以感。感之之極，一切慘然。悲極而泣，亦理之所至。耶穌要人且去揣摩經上所說如下之語：

「我喜愛憐恤，不喜愛祭祀。」

耶穌問他的門徒：那是什麼意思？其實，「務民之義」會就是眞正的喜愛憐恤。那是仁，那也是知。其實，「敬鬼神而遠之」，會就是不喜愛祭祀，而不忘祭祀，那是知，那也是仁。而由此而先難後獲，便通體是仁，通體是性情，通體是責任感，又通體是使命感。

（五）

子疾病。子路請禱。子曰：「有諸？」子路對曰：「有之。誄曰：『禱爾於上下神祇。』」子曰：「丘之禱久矣。」（述而篇）

當耶穌上了十字架，約在申初，就大聲嚷著說：

「以利，以利，拉馬撒巴各大尼。」

這就說：

「我的神，我的神！爲什麼離棄我？」（《馬太福音・第二十七章》）

耶穌之所以臨死時，反會感到神離棄了他，那是由於他已感到了他的整個使命業已完成。而當他感到了他的整個使命業已完成之際，他自己也就眞成了神聖。於是神也就向他告別了。他和神是併立了。他詢問著神爲什麼離棄他，並不是因爲他在神的下面求救，而神卻置之不顧，就離棄了他。他也是「禱之久矣」。不過，他在這時，是異常迫切。

當孔子在疾病之時，本其通體的使命感，自然也會感到他自己正是與神明相對，而認「天地與我並生，萬物與我爲一」。他的精神，上下與天地同流，他的責任，就是他的使命，他的使命，就是他的生命。對他的生命說，他已無須禱，而對他的責任與使命來說，則他已無時不面對神明，他已無時不禱，故曰：「丘之禱久矣。」不過，他在這時，是十分安祥。

子路之請禱，亦儘是迫切，亦儘見性情。只是他不知疾病時始請禱，那只是哀求著上下神祇去依照著他的意思，而不是哀求著上下神祇去依照著上下神祇自己的意思。就因爲如此，他便不是神明面對著神明，他不能深悉孔子之禱之已久，他不能深體孔子之超越精神。實則孔子的超越精神，在其「丘之禱久矣」一語中，已透露無遺，只因其十分安祥，竟似不爲人所覺察。

（六）

季路問事鬼神。子曰：「未能事人，焉能事鬼？」敢問死？曰：「未知生，焉知死？」（先進篇）

事人亦儘須具備其超越精神，而知生更儘須有其形上的理解。因此能事人，即能事鬼神，即能奉祭祀，亦即能談宗教。且必如此，方是「不捨離以爲道」。又因此眞知生，即知死，即知幽，即知玄，亦即知生生化化之理，穆穆綿綿之意，與夫不朽不息之道。且必如此，方是極高明而道《中庸》。

朱註稱：「非誠敬足以事人，則必不能事神。非原始而知所以生，則必不能反終而知所以死。蓋幽明始終，初無二理。……」

朱註復引程子之言曰：「晝夜者，死生之道也。知生之道，則知死之道；盡事人之道，則盡事鬼之道。死生人鬼，一而二，二而一者也。……」

但是當耶穌被人詢問那一條誡命是最大的時候，耶穌卻回答說：

「你要盡心，盡性，盡意愛主，你的神。這是誡命中的第一，且是最大的。」

這就很像是說：能盡事神之道，即能盡事人之道，從而能知死之道，即知生之道。這便是一味超越。在這裏，耶穌是十分峻絕。但亦因此，實不免捨離以爲道，且極其高明而失其《中庸》，終至分成兩截，而遠於事人，並緩於知生。

然在性情之際，總須成就一切。其肯定家國天下，正所以成能。其肯定死生人鬼，正所以成性。惟其由家而國，由國而天下，與夫由生而死，由人而鬼神，終順其序，以徹上澈下，澈始澈終。至其合家國天下而爲一，以人鬼死生爲非二，則更是一大滿盈之相，故儘可富有，日新，而可久，可大。因此之故，事人知生，從性情上說，終是首要，且是最大的。

第二十講　孔門的功夫

（一）

子曰：「吾與回言終日，不違如愚，退而省其私，亦足以發，回也，不愚。」（為政篇）

這不違如愚，正是一個大功夫，那是信得及，只因信得及，就會如耶穌對一婦人所說：「你的信是大的，照你所要的給你成全了罷！」（《馬太福音．第十五章》）但那還不僅僅是信得及，那更是體會得了，只因體會得了，便一切納諸心，所以便聞一以知十，那是絕大的智慧。

但那又不僅僅是體會得了，那簡直是接觸得到，只因接觸得到，所以便一切本諸性情，而實足以發。朱注稱：「發謂發明所言之理。」而所謂接觸，則是性情接觸著性情。就因爲如此，所以理能相契。也因爲如此，所以「不違如愚」。然比「如愚」、「亦足以發」。故曰：「回也，不愚。」那實在是一絕大的性情，那也是由大智慧進入大性情。

（二）

子謂子賤：「君子哉若人！魯無君子者，斯焉取斯？」（公冶長篇）

一人不能成佛，一人更不能成君子，而由一人之成君子，便可驗知其國度內之多君子，那正是善與人同。而與人以為善，取人以為善，善與善之交流，則正是性情與性情之交感。由此性情之光，更加上性情之光，性情之厚，又加上性情之厚，便成天清地寧，又成了天高地厚。於是一個人由此不朽，而一個國度也由此而成了永恆。

朱注稱：「子賤，孔子弟子，姓宓，名不齊。上斯，斯此人，下斯，斯此德，子賤蓋能尊賢取友以成其德者，故夫子既嘆其賢，而又言若魯無君子，則此人何所取以成此德乎？因此見魯之多賢也。」

由此我人亦可知孔子之所以生於魯，不是偶然，而魯之所以為魯並所以能有孔子，亦不是偶然。要知不朽的人與永恆的國，總是相聯的。

（三）

子貢問曰：「賜也，何如？」子曰：「女器也。」曰：「何器也？」曰：「瑚璉也。」（公治長篇）

成器是自己對自己的一個限定，然此限定亦是必要的，亦是一大功夫。人必先有其一己之限定，方不致茫無所歸。在技術中，亦儘有其寧靜，因之在器中，亦儘有其舒展，此實勝於虛玄而蕩，更遠勝於情識而肆。只不過在性情之際，終不可以技術自了，以器自許，故曰：「君子不器。」然器而能至於宗廟盛黍稷之瑚璉，必須其客觀精神之特顯，故亦不致即以器自許。此子貢所以終成仲尼之高徒。

（四）

子使漆雕開仕。對曰：「吾斯之未能信。」子說。（公治長篇）

此亦是一功夫，那只是戰戰兢兢於其仁之是否能守，那已是知及之。故朱注引程子之言曰：

「漆雕開已見大意。」

只不過那又不僅僅是知及之，那實是已經信得及。但信得及是一回事，守得住又是一回事。耶穌的最大門徒彼得，在耶穌正預備上十字架的時候，對耶穌說：

「眾人雖爲你的緣故而跌倒，我卻永不跌倒。」

耶穌說：「我實在告訴你，今夜雞叫以先，你要三次不認我。」

彼得說：「我就是必須和你同死，也總不能不認你。」（語見《馬太福音・第二十六章》）

眾門徒都是這樣說，可是雞叫以先，彼得果然如耶穌所說。而當彼得一想起耶穌所說的話時，就出去痛哭了。必須在此番痛哭之後，彼得方能守得住。而漆雕開於此戰戰兢兢，足見他已是信得及。

但漆雕開又不僅僅是信得及，這是因爲他並不像彼得沒有經過一番痛哭之前一樣，而且是信得及。他說「吾斯之未能信」，這正是表示他不僅僅是信得及。所以朱注又引程子之言曰：

「古人見道分明，故其言如此。」

只因漆雕開見道分明，故孔子悅之。

（五）

子夏曰：「博學而篤志，切問而近思，仁在其中矣。」（子張篇）

這是因爲在這裏，也儘可以見精神，見生命，見智慧，因而見性情。這亦是大功夫。說「仁在其中矣」，那是即功夫，即本體。

朱注引程子之言曰：

「博學而篤志，切問而近思，何以言仁在其中矣？學者要思得之。了此，便是徹上徹下之道。」

這從功夫上說，實是兩條路一齊走：一是實踐的路，一是知解的路。那可以由誠而明，那亦可以由明而誠。在明與誠中，此心朗然而又惻然。所以說「仁在其中矣！」那是功夫在其中，本體亦在其中。所以說，了此便是徹上徹下之道。而精神、生命、智慧以至性情，都一齊在那裡透澈起來！

（六）

子曰：「不知命，無以為君子也；不知禮，無以立也；不知言，無以知人

也。」（堯曰篇）

大抵識得仁，就知得命，知得禮，知得言，而知命、知禮、知言則正是識得仁體的大功夫。

朱注引程子之言曰：

「知有命而信之也。人不知命，則見害必避，見利必趨，何以爲君子？」

朱注又稱：「不知禮，則耳目無所加，手足無所措。言之得失，可以知人之邪正。」

知人爲知，知禮爲禮，而知命則爲義，此義、禮、知，都是性情之貞，亦都是性情之發，因亦莫不是仁。

由知命以識仁而爲君子，則生命終成一使命，這便見心血，見擔當。

由知禮以識仁而立，則生命終成一條理，這便見骨格，見從容。

由知言以識仁，而知人，則匯生命成一大流，這便見肝膽，見安排。

（七）

子曰：「賢哉！回也！一簞食，一瓢飲，在陋巷。人不堪其憂，回也不改其

樂，賢哉！回也。」（雍也篇）

莊子有言：其嗜欲深者，其天機淺。而顏子則盡富其天機。富其天機即富其精神生活，即內足內重，而以外物爲輕，不以窮窶爲意。

顏子之所以盡富其天機，固由其嗜欲之淡，然其所以嗜欲之淡，則正由其性情之厚。惟性情之厚，始有性情之樂。惟性情之樂，始能不改。此不改之樂，是無對象之樂，故當人說顏子「樂道」時，程伊川即說：「使有道可樂，便不是顏子。」然亦唯有此「無對象之樂」，始有顏子之性情之厚。在這裏，由功夫到本體，或由本體到功夫，都無跡可尋，這便使顏子到達了一個化境。

（八）

冉求曰：「非不說子之道，力不足也。」子曰：「力不足者，中道而廢，今女畫。」（雍也篇）

性情之道，是一個實踐之道，這與才力無關。這是一個功夫的問題，這不是一個才力的問題。這裏，一畫地自限，力就不足；一不畫，就足。

（九）

子謂子夏曰：「女為君子儒，無為小人儒。」（雍也篇）

通常所謂之知識份子，所謂之文化人，以及所謂吃什麼飯，就說什麼話者，與夫《聖經》所說之法利賽人和文士，會都是小人儒。小人儒只是小，只是自己不肯做功夫，只是性情虧損。反之，能夠自己切切實實做功夫，見其大，並見其性情的，就都是君子儒。

（十）

子謂顏淵曰：「用之則行，捨之則藏，唯我與爾有是夫。」子路曰：「子行三軍，則誰與？」子曰：「暴虎憑河，死而無悔者，吾不與也。必也臨事而懼，好謀而成者也。」（述而篇）

行，好做功夫。藏，亦正好做功夫。總要功夫無間斷。一間斷，則精神即無著，生命即無力，智慧即無光，而用捨兩難。臨事而懼，是做功夫。好謀而成，也是做功夫。只有暴虎憑河，死而無悔，才是赤裸裸的自然生命，其力亦是一種自然生命的衝擊。此非所以行三軍之道，更非所以歸性情之貞。凡有其向上一機者，終不安於純自然生命之衝擊。

（十一）

子曰：「二三子以我為隱乎？吾無隱乎爾。吾無行而不與二三子者，是丘也。」（述而篇）

道至難而亦至易，至繁而亦至簡，惟人總於其難處與繁處想，故無把柄而常覺其不可捉摸，不可測。此二三子所以以夫子爲隱。

朱注稱：「諸弟子以夫子之道，高深不可幾及，故疑其有隱，而不知聖人作止語默，無非教也。」

學是實踐之學，道是實踐之道，這都須從功夫上去看，從功夫上去想，離開功夫，便是光景。既是光景，便不可捉摸，不可測。因此易簡示人，正是示人一個把柄。故曰：「吾無隱乎爾。」一切易簡，便是一切朗然。一切朗然，便又是一切易簡。易簡則天下之理得矣。

故曰：「吾無行而不與二三子者，是丘也。」

（十二）

子謂顏淵曰：「惜乎！吾見其進也，未見其止也。」（子罕篇）

顏回的功夫無間斷，故只見其進。而就其功夫之所至，究將止於何種境界，實不可知。惟作聖之功，是一個無限的過程，則聖學之實踐，又何能有所底止？浩浩其天，那裏會有所底止麼？肫肫其仁，那裏會有所底止麼？淵淵其淵，那裏會有所底止麼？這總是不可測。這總是不能止。顏子於此只是精進，只是不息，故曰：「未見其止也。」這不能止，更是一個大功夫。到此，便一切是性情作主，便一切是不容已。

第二十一講　孔門師弟子之間

（一）

子曰：「衣敝縕袍，與衣狐貉者立，而不恥者，其由也與？『不忮不求，何用不臧？』」子路終身誦之。子曰：「是道也，何足以臧？」（子罕篇）

不忮是一種光明相，不求是一種磊落相，這都是此心之朗然。到此境地，自非大功夫不可。而以此朗然之心，以應事接物，自無往而不善，故曰：「何用不臧？」子路能不恥於貴賤相形之下，其不動心處，正所以印證其心之朗然，故夫子許之。惟只是此心之朗然，而無此心之惻然，則在自反自覺之餘，而陷於自我欣賞，以自限自了，便是功夫之停息。到功夫一停息時，便又百病叢生。子路終生誦此不忮不求之詩，正是表明子路之以此自喜。若此心惻然，則此又何可喜？自反自覺之餘，必進而大有事在。故曰：「是道也，何足以臧？」

（二）

子曰：「從我於陳蔡者，皆不及門也。」德行：顏淵，閔子騫，冉伯牛，仲弓。言語：宰我，子貢。政事：冉有，季路。文學：子游，子夏。（先進篇）

孔子厄於陳蔡之間，其相從之弟子，竟德行，言語，政事，文學，一一俱備。而其平日所問所答，非爲仁，爲學，即爲政或爲邦，且莫不欲得國而治之。若仲弓之徒，孔子更直說可使南面。這較之耶穌的十二門徒方面之多，自不可同日而語。耶穌教他的十二門徒，只是「隨走隨傳，說天國近了」，從外則是趕逐污鬼，並醫治各樣的病症，卻並不要藥物。這眞是簡便多了，也眞是斬截了當多了。他把一切都放下，他提起的只是一點，他直昇著。而孔子則是一提起便一切提起，他涵天蓋地，他要王天下，他的每一個弟子，也都要一個國，他的學是爲了仁，而他的仁，則幾乎是爲了政，他把道德與政治打成一片，他所牽涉的是太多了。如果他僅僅是像耶穌一樣，只擔負一個道，那就會朗爽多了。耶穌有無窮無盡的悵觸，而他則於此無窮無盡的悵觸外，更有無窮無盡的懷念。故當他說著「從我於陳蔡者，皆不及門也」時，其意義的含蓄，和意味的深長，都是無比的。

（三）

顏淵死。子曰：「噫！天喪予，天喪予。」（先進篇）

對一個弟子的死，竟連聲道「天喪予」，其感動之深，正表明其師弟子之間，平日性情接觸之深。而於此所透露的會是什麼呢？舉凡天命，使命與夫命運，會都已是一一呈顯，而集結於一身，故曰：「噫。」

（四）

顏淵死，子哭之慟。從者曰：「子慟矣。」曰：「有慟乎？非夫人之為慟而誰為？」（先進篇）

只因爲師弟子之間，平日性情接觸之深，故當其死去之際，便不覺哭之痛。這純乎是性情，亦純乎是天理。《馬太福音．第八章》有一段記載著如下的話：

「有一個門徒對耶穌說：『主啊！容我先回去埋葬我的父親。』耶穌說：『任憑死人埋葬死人，你跟從我罷！』」

這又會是如何的意思呢？耶穌正在這個時候曾說道：「狐狸有洞，天空的飛鳥有窩，人子卻沒有枕頭的地方。」（《馬太福音・第八章》）就耶穌看來，一切是破裂，一切是缺陷。既是如此，就暫一任其破裂，一任其缺陷吧。因之，他任死人埋葬死人，反而不以爲慟。但孔子於此卻分明看到一個完整，而不能不慟其竟一旦歸於破裂，竟一旦歸於缺陷。故曰：「非夫人之慟而誰爲？」聖情於此有異，但聖心於此仍同。

朱注引用胡氏之言曰：「痛惜之至，施當其可，皆性情之正也。」只因夫子性情之施，皆歸於性情之正，竟對弟子之死，哀傷之至，而不自知，故曰：「有慟乎？」即此亦可見夫子之全是天地氣象。蓋時陰時晦，天地亦何嘗自知？而耶穌於此，則盡是峻絕。

（五）

閔子侍側，誾誾如也。子路，行行如也。冉有、子貢，侃侃如也。子樂。「若由也，不得其死然。」（先進篇）

在孔門師弟子之間，整個是性情流露，於此可見性情之貞，亦正可見性情之美。舉凡誾誾，行行，侃侃，會都是天地之美，一轉而為性情之美，氣象之美，態度之美。而孔子於此，則是全貞，全美。若子路之貞，則是一味剛強，故其為美，亦即為一決絕之美。故曰：「若由也，不得其死然。」死在另一種意義上說，正是一種美的衝破或裂開。

（六）

子曰：「由之瑟，奚為於丘之門？」門人不敬子路。子曰：「由也，升堂矣，未入於室也。」（先進篇）

這是一本性情的眞正的知音。《孔子家語》載：

「子路鼓瑟，有北鄙殺伐之聲。」

此北鄙殺伐之聲，原亦會有兩種出處：其一為朱註所稱：

「蓋其（子路）氣質剛勇，而不足於中和之氣，故其發於聲者如此。」

其又一則正是所謂：「狐狸有洞，飛鳥有窩，而人子卻無枕頭之處。」與所謂「讓死人去埋葬死人」。天地愁慘，日月無光，暴風雨行將即至，一切的災難，還只是一個開頭。於此，如有聲可聽，會就只是北鄙殺伐之聲。由是而言，那亦正是天地的震動，那亦正是天地之聲。使子路升堂而能入室，則發於其氣質之剛勇者，正合於此天地之聲。故門人不敬子路，實是不知子路，亦不必即能深知夫子知音之言。而子路之未入於室，則正如朱注所稱：

「已造乎正大高明之域，特未深入精微之奧耳。」

使能深入精微之奧，自亦會「讓死人去埋葬死人」，而自成其另一種氣象。

（七）

子曰：「道不行，乘桴浮於海，從我者其由與？」子路聞之喜。子曰：「由也，好勇過我，無所取材。」（公冶長篇）

在衰亂之世，求道德與政治之打成一片，那會正如把新約上所載上帝的物和該撒的物，合而為一。耶穌於此則直說：

「該撒的物當歸給該撒，神的物當歸給神。」（《馬太福音・第二十二章》）

但亦正因為如此，耶穌的國，便在天上，不在地上。而孔子則「知其不可而為之」，他要把他原在天上的國落到地上來。他總想他當時的君主成為賢君，成為聖主。他這種願望是其大無比的，他這種信心也原是其大無比的，但他終不能不有乘桴浮海之嘆，這正如耶穌聽到在監裏斬了先知約翰，把頭放在盤子裏，拿來給女子，「就上船，從那裏獨自退到野地裏去」（《馬太福音．第十四章》）。只不過夫子浮海之嘆終於又只是一嘆，他並未眞的浮海。在命運與使命之間，他擺脫了命運，他對一切都完完全全沒有失去希望，他會正如以前一座因爲對羅馬共和國永不失望、而被羅馬人所塑起並奉祀的神。道之不行，他嘆息著，但嘆息之後，更加強了他的使命感、責任感。子路以能從夫子浮海爲喜，此子路昧於夫子內心之一轉折處，故曰：「由也，好勇過我，無所取材。」然於此，亦盡可見出孔門師弟子之間，會全是性情充斥著，而無間於任何處所，以至於天之涯，海之角。

（八）

子謂子貢曰：「女與回也，孰愈？」對曰：「賜也，何敢望回？回也聞一以知十，賜也聞一以知二。」子曰：「弗如也，吾與女弗如也。」（公冶長篇）

在此等處，弗如就是弗如。然此弗如，並無礙於性情之貞。而孔子之所以亦說弗如，則只見其性情之敞開，與氣象之闊大。而此敞開與闊大，正可將一切懷藏而置於其中，從而又置於其下，不出其上，不在其外。

（九）

宰予晝寢。子曰：「朽木不可雕也，糞土之墻不可杇也。於予與，何誅？」（公治長篇）

當耶穌上十字架前夜禱，而彼得等人都睡著了的時候，耶穌就說：

「……你們心靈固然願意，肉體卻軟弱了。」（《馬太福音·第二十六章》）

隨後耶穌禱告時，又見他們睡著，因爲他們的眼睛困倦，於是耶穌無語，又去夜禱，到後來更對他們說：

「現在你們仍然睡覺安歇罷？」

這是聖者對睡眠者之心！而宰予晝寢則其心靈是否願意，猶成問題，固不僅肉體軟弱了。耶穌在另一個地方更說道：

「神不是死人的神，乃是活人的神。」（《馬太福音·第二十二章》）

這便正如說：朽木糞墻不可雕杇，惟於此又何足責？故曰：「於予與，何誅？」

（十）

子曰：「吾未見剛者。」或對曰：「申棖。」子曰：「棖也慾，焉得剛？」

（公治長篇）

朱注於此引程子之言曰：「人有慾，則無剛，剛則不屈於慾。」大抵一個人的原始生命上之一堅強的力，常是一種夾雜的力，此必予以提鍊，始可去慾存剛。在此一意義上，便只要滅，只要信，只要歸依，便有其剛。此剛實不可多得。而當一個人已擺脫其原始生命之強力以後，則僅去慾存剛，便猶不夠。在此一意義上說，便須要養，須要仁，須要性情，須要天理，須要以理生氣，始有其剛。此剛自更可貴，惟亦更難見。故曰：「吾未見剛者。」

申棖有其原始生命力，但終是一種夾雜的力，其所表現者，更只是慾，此不能就是剛，故曰：「棖也慾，焉得剛？」

（十一）

子貢曰：「我不欲人之加諸我也，吾亦欲無加諸人。」子曰：「賜也，非爾

所及也。」（公治長篇）

此必視人如己，始能及之。蓋「我不欲人之加諸我」，此欲是切己之欲，切身之欲。而「吾亦欲無加諸人」之欲，則是自反自覺之後，由見我而見有人，由見我之欲，而見人亦欲我之欲，因將我之此欲，再投射出去，此中經了一折，不是一直線。而切己與切身之欲，則是一直線。此一直線，未曾折扣，而經了一折之折，則須大打一折扣。若能不打一點折扣，則必須是直角的投射。這直角的投射，便是直接呈顯，便是覿體承當，便是統體透明，便是全副性情，便是至誠，便是仁至，便是直道而行，便是直達天心，便是直透一切，此非聖人，直不可及。當子貢說此語之際，對此語之眞正分量，並未眞正衡量，而有其切己切身之自覺自反，自不足以語此境，故曰，「賜也，非爾所及也。」

朱注於此引程子之言曰：

「我不欲人之加諸我，吾亦欲無加諸人，仁也。施諸己而不願，亦勿施於人，恕也。恕則子貢或能勉之，仁則非所及矣。」

朱子於此則按道：「愚謂無者自然而然，勿者禁止之謂，此所以為仁恕之別。」

朱子復稱「吾亦欲無加諸人」，為「仁者之事，不待勉強」。凡此「自然而然」、「不待勉強」，就是不折不扣和直角的投射。到此境地，此心朗然，全是大明；此心惻然，莫非血肉；己自爾天下何思何慮？而孔子師弟子間之言，亦自無一不是性情之語。

（十二）

子路有聞，未之能行，唯恐有聞。（公冶長篇）

這只是信得及。耶穌說：「不要怕，只要信。」此惟大勇，始能及之。而在孔門弟子中，子路便是勇者。對生命而言，勇亦正是「雷雨之動」，惟欠「滿盈」而已。

（十三）

子曰：「晏平仲善與人交，久而敬之。」（公冶長篇）

「久而敬之」是功夫無間斷；功夫無間斷，便性情無差失；性情無差失，便善與人交。

朱注引程子之言曰：

「人交久則敬衰，久而能敬，所以為善。」

敬衰則心腸一轉而心血有虧，心血有虧則肝膽不露，肝膽不露，則與人便不善交。故久而敬之，亦只不過是心腸長直，心血長滿，而肝膽長露。

（十四）

子在陳曰：「歸與！歸與！吾黨之小子狂簡，斐然成章，不知所以裁之。」

（公治長篇）

孔門弟子，方面多，光彩多，且各有獨到處，而又莫不欲得國而治之。此在當時，直是閃閃爍爍，不免駭人。故曰：「狂簡。」惟如何得國，終是無軌道可遵循，無制度可運用，故道遂不行於天下。但此道之不行於天下，仍只是就一特定的空間說，若就永恆的時間而言，此道固可必行，於此而中心澄然，更把一切放下，故曰：「歸與！歸與！」只不過中心澄然，歸而將一切放下，又終不免中心慘然，而更思總應提起一點。這即是穆穆綿綿，亘古長在的一點。據此一點，以糾正一切，而垂念諸弟子之「狂簡，斐然成章」，因其「不知所以裁之」，便不得不思「所以裁之」。由此，方面正不必多，光彩正不必多，獨到之處，要歸於一，得國而治，與得人而教，亦正須得等量齊觀。此使儒者，在此當更有其生命，當更有其活力，當更有其不朽。並當更有其穆穆綿綿之意，而澤潤蒼生，澤潤心腸。故曰：「歸與！歸與！」此所謂「歸」，實是歸於無限，歸於永恆，歸於性情，並歸於性情之教。

第二十二講　孔門氣象

（一）

子曰：「伯夷、叔齊不念舊惡，怨是用希。」（公冶長篇）

這只是清，但這不是水清見底，而是「雨過天清雲破處，這般顏色做將來」。那是另一番氣象。那是過而不留，所以不念舊惡。那是毫無渣滓，所以「怨是用希」。

（二）

顏淵、季路侍，子曰：「盍各言爾志。」子路曰：「願車馬、衣輕裘，與朋友共，敝之而無憾。」顏淵曰：「願無伐善，無施勞。」子路曰：「願聞子之志。」子曰：「老者安之，朋友信之，少者懷之。」（公冶長篇）

「願車馬、衣輕裘，與朋友共，敝之而無憾」，那是一古堡之象，那亦是「亂石塡空，驚濤拍岸，捲起千堆雪」之象，那是子路之象，那亦即是一個「行行」之象。

「願無伐善，無施勞」，那是一個地平之象，那亦是一個水平之象，那是顏子之象，那亦即是所謂和風慶雲之相。

老安，少懷，朋友信，那是一個層巒之象，那亦是一個層雲之象，但由層巒直達層雲，其間復有三線，構成三平：那「老者安之」的一線，是一個天平；那「朋友信之」的一線，是一個水平；那「少者懷之」的一線，是一個地平，那是乾卦之象，那是夫子之象，那亦即所謂天地氣象。朱子引用程子之言曰：

「子路勇於義者，觀其志，豈可以勢利拘之哉？亞於浴沂者也。顏子不自私己，故無伐善；知同於人，故無施勞。其志可謂大矣，然未免出於有意也。至於夫子，則如天地之化工，付與萬物而己不勞焉。此聖人之所爲也。今夫羈靮以御馬，而不以制牛，人皆知羈靮之作在乎人，而不知羈靮之生由於馬。聖人之化，亦猶是也。先觀二子之言，後觀聖人之言，分明天地氣象。凡看《論語》，非但欲理會文字，須要識得聖賢氣象。」

由此而論，則子路直是不懼，顏子直是不惑，而夫子則直是不憂，但又兼不惑、不懼。子路不懼，故信得及，顏子不惑，故見得到，而夫子不憂，則直如天地之無憂，但又終於有憂，故守得住。只不過子路的信得及，亦終於是見得到，顏子的見得到，亦畢竟是守得住，而夫子的守得住，則簡直是安住在那裏，因此便能安頓一切，有如天地之覆載。「老者安之」，是給老者的一個安頓，一個覆載。「朋友信之」，是給朋友的一個安頓，一個覆載。「少者懷之」，是給少者的一個安頓，一個覆載。從而「信而好古」，便安頓了一個無窮的過去，和一個歷史文化的絕大的傳統，並對泰初也有了覆載。又從而「不厭不倦」，更安頓了一個稍縱即逝的現在和一個家國天下的絕大的現實，並對「當下」也有了覆載。又從而「後生可畏」，從而「百世可知」，這更安頓了一個永續的未來，和一個「逝者如斯夫，不捨晝夜」的生命與理想的大流，以及理想與文化的大流，並對「過此以往，未之或知」，也有了覆載。而所有這一切的安頓，所有這一切的覆載，又都只是安頓在一切的性情中，而覆又只不過是此性天的覆，載亦只不過是此情地的載。

（三）

子曰：「回也，其心三月不違仁，其餘則日月至焉而已矣。」（雍也篇）

不違仁，是內心均衡之象。內心均衡，是心安理得之象。心安理得，是天清地寧之象。

天清地寧，則一方面是和風慶雲之象，一方面又是水波不興，一聲欸乃之象。而三月不違仁，則已見江南草長，又已見「兩個黃鸝飛上天」了。說到「日月至焉」，則是「清明時節雨紛紛」之相，但好鳥枝頭，落花水面，亦至可觀。朱注引程子之言：

「三月，天道小變之節，言其久也。過此則聖人矣。不違仁，只是無纖毫私欲。少有私欲，便是不仁。」

又朱注稱：

「三月，言其久。仁者心之德。心不違仁者，無私欲而有其德也。日月至焉者，或日一至，或月一至焉，能造其域而不能久也。」

其不能久，乃是由於私欲，乃是由於「雨紛紛」。但又畢竟是清明。以此花放鳥鳴，淵停嶽峙，能造其域，又豈容易？

（四）

子路問：「聞斯行諸？」子曰：「有父兄在，如之何其聞斯行之？」冉有問：「聞斯行諸？」子曰：「聞斯行之。」公西華曰：「由也問聞斯行諸？子曰：『有父兄在』。求也問聞斯行諸？子曰：『聞斯行之』。赤也惑，敢問。」

子曰：「求也退，故進之。由也兼人，故退之。」（先進篇）

性情之際，不應迫促。有父兄在，自應從容，以見心血。因此，夫子退之之言，實是一種最大的安撫。

性情之際，不應遲延。聞斯行之，方見生命，而不辜負。以此，夫子進之之意，實是一種絕大的鼓舞。

（五）

子畏於匡，顏淵後。子曰：「吾以女為死矣。」曰：「子在，回何敢死？」（先進篇）

死生亦大矣！而在性情之際，生不能由己而生，死亦不能由己而死。一己之敢於生，那是由於天高地厚；而一己之敢於死，則是由於地久天長。必如此，方可生與死，都能與萬物同春，與天地同在。「仲尼天地也」，自亦須得與仲尼同在。故曰：「子在，回何敢死？」

（六）

子路，曾皙，冉有，公西華侍坐。子曰：「以吾一日長乎爾？毋吾以也。居則曰：『不吾知也。』如或知爾，則何以哉？」子路率爾而對曰：千乘之國，攝乎大國之間，加之以師旅，因之以饑饉，由也為之，比及三年，可使有勇且知方也。」夫子哂之。「求，爾何如？」對曰：「方六七十，如五六十，求也為之，比及三年，可使足民，如其禮樂，以俟君子。」

「赤，爾何如？」對曰：「非曰能之，願學焉，宗廟之事，如會同，端章甫，願為小相焉。」

「點，爾何如？」鼓瑟希，鏗爾，舍瑟而作，對曰：「異乎三子者之撰。」子曰：「何傷乎，亦各言其志也。」曰：「莫春者，春服既成，冠者五六人，童子六七人，浴乎沂，風乎舞雩，詠而歸。」夫子喟然嘆曰：「吾與點也。」三子者出，曾皙後。曾皙曰：「夫三子者之言，何如？」子曰：「亦各言其志也已矣。」曰：「夫子何哂由也？」曰：「為國以禮，其言不讓，是故哂之。」「唯求則非邦也與？」「安見方六七十，如五六十，而非邦也者？」「唯赤則非邦也與？」「宗廟會同，非諸侯而何？赤也為之小，孰能為之大？」（先進篇）

孔門弟子，幾皆欲得國而治，而其氣象，亦幾莫不巍巍。那是提得起。而曾皙於此，則能放得下，其氣象自另是一番。故夫子許之。惟曾皙之放下，究像是全放下，若於此而終不能提起一點，便一切蕩然，故宋儒認曾點不可學。朱注引程子之言曰：

「孔子與點，蓋與聖人之志同，便是堯舜氣象也。誠異三子者之撰，特行不掩焉耳。此所謂狂也。子路等所見者小。子路只為不達為國以禮道理，是以哂之。若達，卻便是這氣象也。」

大凡狂者不是全提起，就是全放下。當他全提起時，他不會知道眞正要提起的，究竟不多。當他全放下時，他不會知道要放下的，亦終究有一些放下不了。只不過子路的氣象，亦儘是巍巍。而曾點的氣象，更畢竟與天地相似。此雖不可學，但最可欣賞。子路有氣象而無風姿，而曾點則有氣象，又有風姿。

（七）

子貢問友，子曰：「忠告而善道之，不可則止，無自辱焉。」（顏淵篇）

在性情與性情之間，不忠告，則失此心之惻然；不善道，則失此心之朗然。而「不可則止」，則正是人我相忘而不復沾滯。一沾滯，即自辱。此朋友之道，所以爲一切相關切之道。

（八）

曾子曰：「君子以文會友，以友輔仁。」（顏淵篇）

以文會友，則此文必爲性情之文。以友輔仁，則此友必爲性情之友。朱注稱：「講學以會友，則道益明，取善以輔仁，則德日進。」此學，會只是心性之學，而此善，則只是性情之貞。故在性情之中，便莫不是文，莫不是友，因亦莫不是仁。

（九）

孔子曰：「益者三友，損者三友。友直，友諒，友多聞，益矣。友便辟，友善柔，友便佞，損矣。」（季氏篇）

這都是所以使同歸於性情之正，性情之厚與性情之明。朱注稱：

「友直，則聞其過，友諒則進於誠，友多聞則近於明。便，習熟也。便辟謂習於威儀而不直。善柔謂工於媚悅而不諒。便佞謂習於口語而無聞見之實。三者損益，正相反也。」

大抵一個人多一點土的氣息，總是好的，而多交一些富於土的氣息的朋友，也總是有益的。

（十）

子夏之門人，問交於子張。子張曰：「子夏云何？」對曰：「子夏曰：『可者與之，其不可者拒之。』」子張曰：「異乎吾所聞。君子尊賢而容眾，嘉善而矜不能。我之大賢與，於人何所不容？我之不賢與，人將拒我，如之何其拒人也？」（子張篇）

此亦只能就性情之所近而說，而在實踐上，則便宜就一己性情之所偏處加以挽救。一些言語，總要自己能眞正受用。如子夏之言，子張正好受用。同樣子張之言，子夏亦正好受用。此之謂性情之交感。朱注稱：

「子夏之言迫狹，子張譏之是也。但其所言，亦有過高之病。蓋大賢雖無所不容，然大故亦所當絕，不賢固不可以拒人，然損友亦所當遠，學者不可不察。」

在實踐上，總要知道一己的病痛。而藥總須針對病痛而下。子夏子張之言，都是藥。大抵人與人之間的接觸，總須力求其簡單化，而不可有何曲折。這才能有其性情的感通，而可與人爲善，並取人以爲善。

（十一）

子貢問：「師與商也孰賢？」子曰：「師也過，商也不及。」曰：「然則師愈與？」子曰：「過猶不及。」（先進篇）

得乎性情之中者，方合乎性情之正，此在實踐上，纔一放手，便是過；纔一把持，便是不及。故「允執厥中」者，放手不得，又把持不得。到此，就只有簡單化之一途。朱注稱：「子張才高意廣，而好爲苟難，故常過中。子夏篤信謹守，而規模狹隘，故常不及。」

子張有天馬行空之相，而子夏則似牛行。然此牛行，亦儘有其動地而來之相。故子張儘是堂堂，而子夏則儘是「耿耿」。就此等處說，固皆極爲可觀。「過」固極有其可觀處，

「不及」亦極有其可觀處。「乾道變化，各正性命」，而乾道則只是乾乾，只是一任性情的發展。在性情的發展上，由過可以得乎中，合乎正。由不及亦可以得乎中，合乎正。但總要純，總要不夾雜，因此總要簡單化。而在簡單化的過程中，過與不及，固皆有同等之毛病，亦皆有同等之價值與意義。故曰：「過猶不及。」

（十二）

季氏富於周公，而求也為之聚歛而附益之。子曰：「非吾徒也，小子鳴鼓而攻之，可也。」（先進篇）

耶穌說：「凡有的，還要加給他，叫他有餘，沒有的，連他所有的，也要奪過來。」這就是性情之貞處說，否則這就成了性情之災。季氏富於周公，這已經是性情之乖，而冉有爲季氏宰，竟更使其富上加富，乖之又乖，此乃助人之惡。故其身尤陷於惡，而成性情之災。這如何會合乎性情之教？這如何會是孔氏之徒？故曰：「非吾徒也。」只不過雖非吾徒，而亦應以有正之，己不能直接正之，便只好藉門下之士。故又曰：「小子鳴鼓而攻之，可也。」此在孔門中，會眞是光天化日之下的一點不幸，那是黑影之象。

（十三）柴也愚，參也魯，師也辟。由也喭。（先進篇）

性情之中，其道至大。而性情之顯，則於一草一木中，亦可見之。故柴也愚，愚亦可見性情，而當其一見性情，其愚即至可貴，而不可及。故參也魯，魯亦可見性情，而當其一見性情，其魯即極可貴，而不可及。故師也辟，辟亦可見性情，而當其一見性情，其辟即亦可貴而不可及。故由也喭，喭亦可見性情，而當其一見性情，其喭即仍可貴而不可及。朱注引程子之言曰：

「參也竟以魯得之。」

孔子之道，曾子得之以魯，此魯在性情之教裏，正是誠篤。而愚在性情之教中，亦只是性情之過於樸厚，辟在性情之教中，亦只是性情之過於舖張，喭在性情之教中，亦只是性情之過於本色。實則，樸厚與本色，並非不美，而舖張亦儘可一轉而爲「堂堂」。性情之教，教人成性，亦正所以教人成能，而聖人成能，則即成就一切。以此，孔門之內，氣象萬千。

（十四）

子曰：「回也其庶幾乎？屢空。賜不受命，而貨殖焉，億則屢中。」（先進篇）

孔門之中，惟回屢空，心體透明，精神周流，而性情亦能大顯，故曰：「回也其庶幾乎！」以此，回之氣象特佳。孔門之中，賜有所滯，故「不受命，而貨殖焉」，然貨殖而能不復沾滯，則性情亦顯。且更能「億則屢中」。此子貢之所以終爲孔門中之賢者，並亦儘有其開闊之一大氣象。

國家圖書館出版品預行編目資料

論語講義／程兆熊著. -- 初版. -- 新北市：華夏出版有限公司, 2023.09
面；　公分. --（程兆熊作品集 01；001）
ISBN 978-626-7296-34-9（平裝）
1.CST：論語 2.CST：研究考訂

121.227　　112006162

程兆熊作品集 01 001
論語講義

著　　作　程兆熊
印　　刷　百通科技股份有限公司
電話：02-86926066 傳真：02-86926016
出　　版　華夏出版有限公司
220 新北市板橋區縣民大道 3 段 93 巷 30 弄 25 號 1 樓
電話：02-32343788　傳真：02-22234544
E-mail：pftwsdom@ms7.hinet.net
總 經 銷　貿騰發賣股份有限公司
新北市 235 中和區立德街 136 號 6 樓
電話：02-82275988　傳真：02-82275989
網址：www.namode.com
法律顧問　呂榮海律師
103 台北市大同區錦西街 62 號
電話：02-25528919
版　　次　2023 年 9 月初版一刷
特　　價　新台幣 400 元（缺頁或破損的書，請寄回更換）

ISBN-13：978-626-7296-34-9

《論語講義》由程明琤授權華夏出版有限公司出版